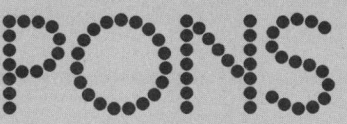

W0194704

UNTER DER ERDE

Mörderische Kurzkrimis

zum Deutschlernen

von Dominic Butler

PONS GmbH
Stuttgart

PONS
UNTER DER ERDE

Mörderische Kurzkrimis

zum Deutschlernen

von Dominic Butler

1. Auflage 2017

© **PONS GmbH, Stöckachstraße 11, 70190 Stuttgart, 2016**
Alle Rechte vorbehalten

PONS Online-Wörterbuch: www.pons.eu
E-Mail: info@pons.de

Projektleitung: Francesca Giamboni
Übersetzung und Adaptierung: Francesca Giamboni,
Christian Straßenmeyer
Autor: Dominic Butler
Redaktion: Christine Breslauer
Einbandgestaltung: Anne Helbich, Stuttgart
Logoentwurf: Erwin Poell, Heidelberg
Logoüberarbeitung: Sabine Redlin, Ludwigsburg
Layout: Petra Michel, Gestaltung & Typografie, Essen
Satz: Datagroup Int. SRL, Timisoara
Druck: medienhaus Plump GmbH, Rheinbreitbach
PONS verpflichtet sich, den Zugriff auf die zu diesem Buch
gehörige Vokabeltrainer-App mindestens bis Ende 2019 zu
gewährleisten. Einen Anspruch der Nutzung darüber hinaus
gibt es nicht.

ISBN: 978-3-12-562883-0

Dominic Butler

Dominic Butler stammt aus Nordengland. Er ist Englisch-
lehrer und Schriftsteller. Nach seiner Schulzeit, die er an einer
klassischen Grammar School (entspricht dem deutschen
Gymnasium) verbrachte, studierte er Film und Literatur an
der Sheffield Hallam University. Während seiner Studienzeit
arbeitete er in Teilzeit als Gerichtsschreiber am Strafgericht
in Sheffield. Dort erwachte sein Interesse für Kriminalfälle,
die von nun an Thema vieler seiner Kurzgeschichten wurden.
Dominic lebt und arbeitet zurzeit in Italien, wo er Englisch
unterrichtet und gerade seinen ersten Roman beendet, einen
düsteren, jedoch humorvollen Krimi.

EINIGE WORTE VORAB...

Sie lesen gerne Krimis und möchten etwas für Ihr Deutsch tun?
Mit diesen Kurzkrimis wird die deutsche Sprache zu einem spannenden
und unterhaltsamen Erlebnis. Die verwendete Sprache passt genau zu
Ihrem Lernniveau, so dass Ihnen das Lesen leicht fällt und Ihnen gleichzeitig viel Neues beibringt.

Nicht nur Krimis lesen, sondern auch mehr
über Land und Leute erfahren:
Nach jeder Geschichte finden Sie wissens-
werte Informationen zu den **Orten**, an denen
die Geschichten spielen.

Schwierigere Wörter
sind auf jeder Seite
in den **Fußnoten**
erklärt. Im Anhang
finden Sie nochmals
alle Wörter in einer
alphabetischen
Wortliste.

Wo die einzelnen Schauplätze liegen, können
Sie in der **Landkarte** auf Seite 6 nachschauen.

Alle Wörter, die in den Fußnoten erklärt sind, können Sie
mit der **PONS Vokabeltrainer-App** üben. Gehen Sie einfach auf
www.pons.de/kurzkrimis-de und laden Sie die App kostenlos auf Ihr
Smartphone oder Tablet herunter oder üben Sie online.

INHALTSVERZEICHNIS
- -

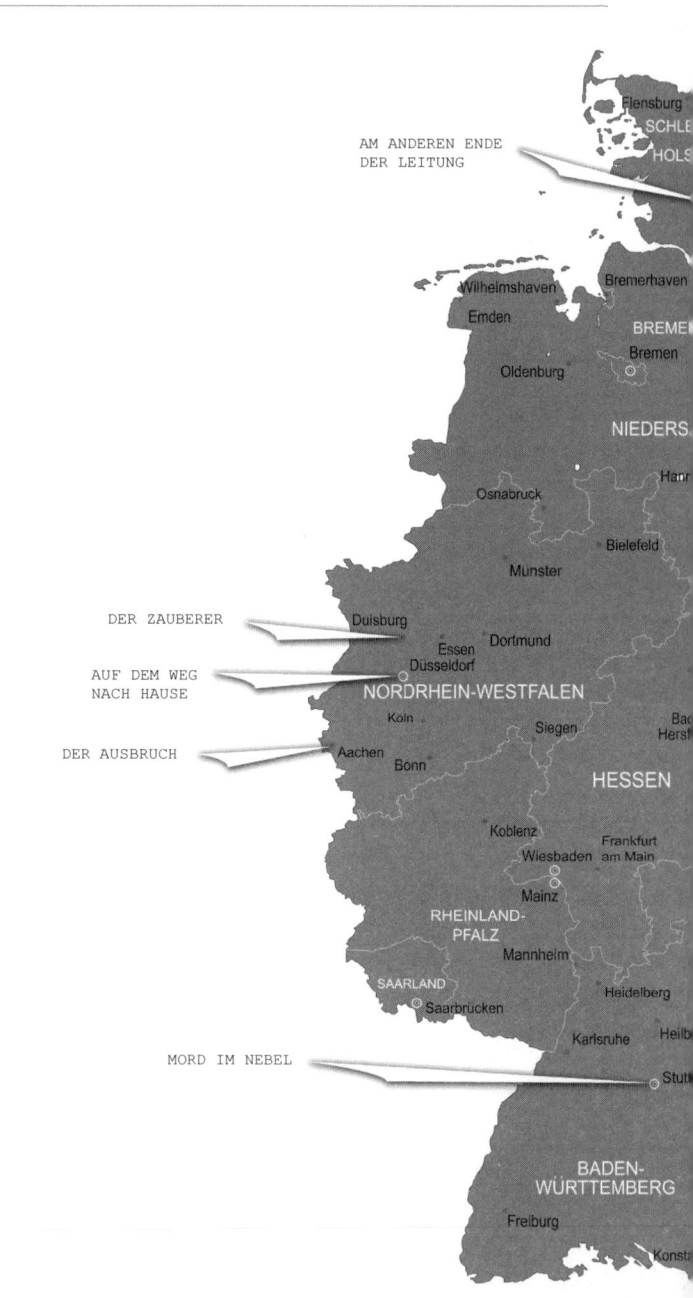

AM ANDEREN ENDE
DER LEITUNG

Flensburg
SCHLE
HOLS

Bremerhaven

Wilhelmshaven

Emden

BREME
Bremen

Oldenburg

NIEDERS.

Osnabruck

Hann

Bielefeld

Munster

DER ZAUBERER

Duisburg

Essen   Dortmund
Düsseldorf

AUF DEM WEG
NACH HAUSE

NORDRHEIN-WESTFALEN

Koln

Siegen

Bad
Hersf

DER AUSBRUCH

Aachen
Bonn

HESSEN

Koblenz

Frankfurt
Wiesbaden am Main

Mainz

RHEINLAND-
PFALZ

Mannheim

SAARLAND

Saarbrücken

Heidelberg

Karlsruhe

Heilb

MORD IM NEBEL

Stut

BADEN-
WÜRTTEMBERG

Freiburg

Konsta

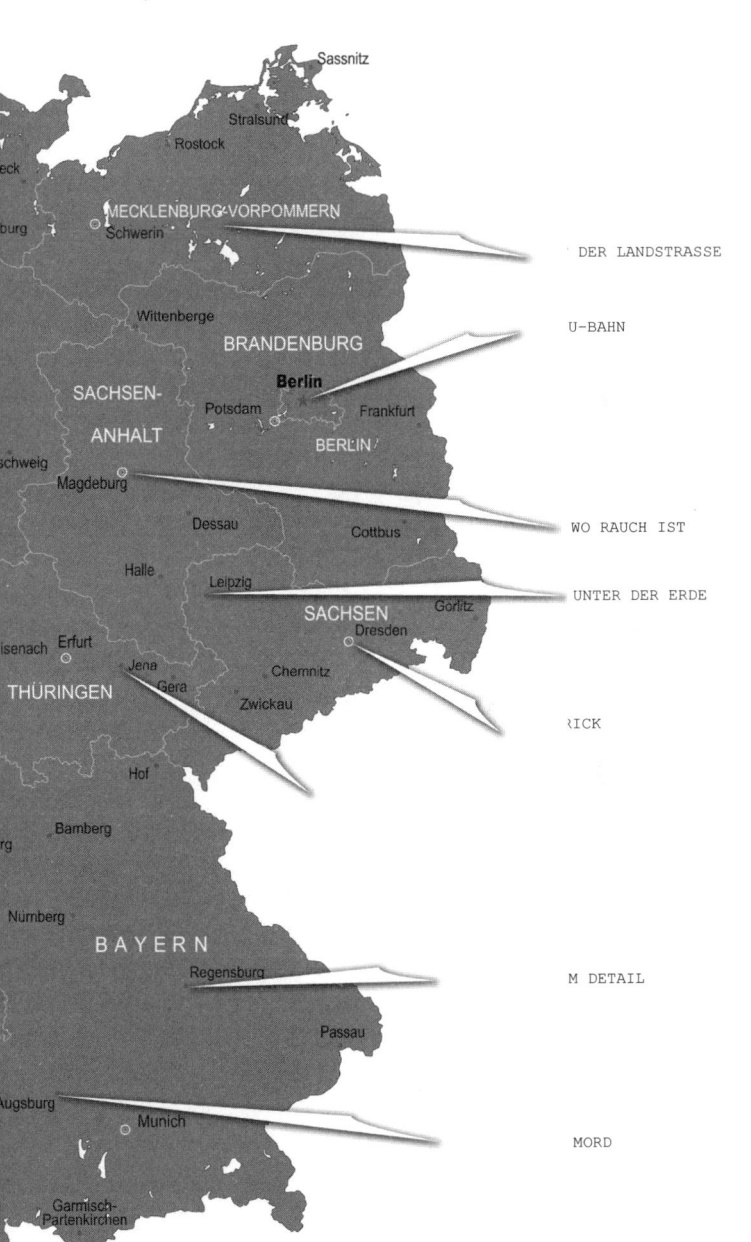

DER LANDSTRASSE

U-BAHN

WO RAUCH IST

UNTER DER ERDE

RICK

M DETAIL

MORD

1. DER PERFEKTE MORD

„Das Allgäu ist ein Paradies für Skifahrer! Du kannst dich darauf verlassen[1], du wirst diese Woche großen Spaß haben! Aber, wenn du alleine bist, komm doch gleich mit, du kannst gerne mit uns was essen", sagte Lisa. Sie drückte die Tür der Berghütte[2] auf und schaute sich nach ihren Freunden um. „Ah, da sind sie, komm mit. – Wie war dein Name nochmal?"

„Mia, ich heiße Mia."

„Komm mit, Mia. Leute, könnt ihr noch ein bisschen zusammenrücken? Mia isst mit uns. Ich habe sie auf der Piste gefunden. Oder sie mich. Sie ist hier alleine und ich habe sie zu uns eingeladen. Mia, das sind Benedict, Sarah, Andrea, Mathias und Sebastian."

„Hallo zusammen", sagte Mia etwas schüchtern. Sebastian schaute sie dabei sehr interessiert an.

„Bitte nenn mich Seb, nur meine Steuerberaterin nennt mich Sebastian. Setz dich, bitte. Lisa, was hättet ihr denn gerne? Wir haben gerade bestellt. Pils und Punsch[3] und zum Essen das Übliche. Also diese Dinger da, Speckknödel[4]. Soll ich für euch beide dasselbe bestellen?"

„Für mich gerne, danke, das hört sich gut an!", lächelte Mia freundlich. Es machte ihr nichts aus, allein zu sein, aber diese Leute machten einen netten Eindruck. Sie freute sich schon auf die Gesellschaft. Und natürlich auf das warme Essen.

---

1 **sich verlassen (auf + Akk.) –** *sicher sein*
2 **die Berghütte –** *Lokal, in dem Bergwanderer und Schifahrer einfache Gerichte essen können*
3 **der Punsch –** *alkoholisches Getränk aus Rum, Tee oder Rotwein mit Gewürzen*
4 **der Speckknödel –** *Spezialität aus dem Alpenraum, Klöße mit Speckwürfeln und einer Soße*

Als Sebastian zurückkam, war Mia schon im Gespräch. Und sie saß leider nicht neben ihm: Lisa saß zwischen ihnen. Benedict war gerade dabei, das Urlaubskonzept der Clique[1] zu erklären: „Jedes Jahr machen wir einen Urlaub zusammen und jedes Jahr ist jemand anders an der Reihe, das Urlaubsziel festzulegen. Im Sommer finden wir meistens keinen Zeitraum, in dem wir alle können, also fahren wir immer im Winter. Und wir machen immer Sporturlaube. Das Allgäu hat Lisa ausgesucht. Wir sind auch schon in Südtirol gewesen, in Skandinavien und in Island. Aber kalt muss es sein, das gefällt uns gut. Und du? Kommst du öfter hierher?"

„Nein, in der Regel mache ich eher im Sommer Urlaub, aber dieses Jahr wollte ich was Neues ausprobieren. Ich habe mich spontan entschieden und keiner konnte mit, also bin ich allein hier."

Andrea und Mathias hatten sich kurz vorgestellt, sich dann aber wieder in ihr Gespräch vertieft. Immer wieder wurden sie lauter und man konnte das Gespräch mithören.

„Mann, das ist wirklich krass[2]!"

„Was ist krass?", fragte Benedict.

„Wir hatten es gerade von einem sehr speziellen Thema. Es geht um den perfekten Mord. Wir sind ... Also wir beide Andrea und ich arbeiten in einem Verlag, wir lesen Tausende von Manuskripten jedes Jahr. Na gut, also vielleicht nicht Tausende, aber viele. Und Krimis bekommen wir natürlich reichlich. Wir haben uns neulich darüber ausgetauscht[3] und mussten feststellen, dass wir sozusagen Kriminalgedanken haben, seitdem wir in dem Job sind. Wir stellen uns einfach Situationen vor."

Andrea fuhr fort: „Na ja, das ist auch nicht so wichtig. Jedenfalls sind wir vorhin in die Hütte hereingekommen und

---

1 **die Clique** – *Gruppe von Freunden, die ihre Freizeit zusammen verbringt*
2 **krass (Jugendsprache)** – *extrem gut; extrem schlecht*
3 **sich austauschen (über + Akk.)** – *sich unterhalten*

haben den geschmolzenen[1] Schnee auf dem Boden gesehen. Daraufhin habe ich zu Mathias gesagt, dass alles eine Spur hinterlässt. Auf dieser Erde gibt es absolut nichts, das keine Spur hinterlassen würde. Zwar ist eine Spur nicht immer gut zu erkennen, aber alles verändert die Welt, auch die kleinste Bewegung. Und eine Spur bleibt immer. Aber wir wollen euch ja nicht langweilen."

„Ganz im Gegenteil, das ist ein sehr spannendes Thema. Aber, wenn alles eine Spur hinterlässt, dann kann es kaum den perfekten Mord geben, oder?", fragte Mia, plötzlich nicht mehr so schüchtern.

„Theoretisch nicht, das stimmt, aber in der Praxis gibt es welche, die nicht so einfach zu entdecken sind. Zum Beispiel … Also ich weiß, dass die Idee nicht allzu neu ist, aber ich finde, dass ein Eiszapfen[2] als Mordwaffe ziemlich perfekt ist. Das Eis schmilzt, man kann also nicht sehen, wo es herkam und es gibt natürlich auch keine Fingerabdrücke", erwiderte Andrea und zeigte offensichtliche Freude am Thema.

„Ja, das ist clever", sagte Mia und fing an, sich Schal und Mütze auszuziehen. In der Berghütte war es angenehm warm und sie spürte, wie sich die Wärme von ihren Füßen an den Beinen entlang ihren Weg nach oben bahnte. Mia schaute sich kurz um. Die meisten Gäste sahen so aus, als wären sie nach einigen Schnäpsen und Bieren nicht mehr in der Lage, wieder Ski fahren zu gehen. Nicht umsonst passieren die meisten Unfälle auf den Pisten nachmittags. Ihre Nummer wurde gerufen, das Essen musste vorne an der Theke abgeholt werden. Sie standen zu dritt auf. Sebastian nutzte danach geschickt die Gelegenheit, sich neben Mia zu setzen.

„Was sagst du dazu, gefällt dir die Idee mit dem Eiszapfen?", fragte Andrea laut, um die Lautstärke der fröhlichen Skifahrer zu übertönen.

---

1 **geschmolzen** – *nicht mehr fest, sondern flüssig geworden*
2 **der Eiszapfen** – *Eisbildung, die typischerweise von Dächern herunterhängt*

Foretrekke
\

„Ja, nicht schlecht, aber ich bevorzuge Feuer", meinte Mia.

„Interessant, und wieso?", wollte Mathias wissen.

„Vor allem, weil ein Brand wie ein Unfall aussehen kann."

„Das stimmt, du hast Recht. Und was ist mit dem Motiv[1]? Wenn es ein perfekter Mord sein soll, darf das Motiv nicht offensichtlich sein. Hättest du da eine Idee?"

„Also, wer könnte wen mit Feuer umbringen?", fragte Andrea.

„Ok. Sagen wir, es gäbe ein schönes, junges, verliebtes Pärchen."

„Und er bringt sie um?", schlug Mathias vor.

„Nein, sie ihn."

„Alles klar. Aber, wenn sie verliebt sind, dann ist es wegen des Geldes? Sie will sein Geld erben[2]?", fragte Mathias weiter.

„Nein, sie ist die Reiche."

„Moment. Sie bringt ihn mit Feuer um. Sperrt sie ihn in einem Zimmer ein und zündet dann das Haus an?"

Andrea war nicht überzeugt.

„Nein, er könnte fliehen. Nein, sie muss sicher sein, dass alles nach Plan läuft. Die beiden essen zusammen zu Abend, wie jeden Abend. Sie hat gekocht. Und sie hat ihm seine eigenen Schlaftabletten ins Essen gemischt. Eine Stunde nach dem Abendessen geht sie wie immer joggen. Es ist Hochsommer und der Himmel ist noch hell. Sie wartet, bis er auf dem Sofa einschläft. Dann stellt sie eine Kerze neben den Vorhang und, wenn sie sicher ist, dass er brennt, geht sie aus dem Haus. Sie läuft eine belebte[3] Strecke, so dass sie von vielen Leuten gesehen und gegrüßt wird. Sie wohnen in einem kleinen Ort, in dem jeder jeden kennt", erläuterte Mia ihren Plan sehr gefasst[4].

---

1   **das Motiv** – *Beweggrund für eine Straftat*
2   **erben** – *etwas von einer Person bekommen, die verstorben ist*
3   **belebt** – *von vielen Menschen besucht*
4   **gefasst** – *ruhig*

„Ja, ok, aber die Schlaftabletten, die kann man bei der Obduktion[1] sicher nachweisen." Andrea war immer noch nicht überzeugt.

„Nein, nicht diese Schlaftabletten. Ab einer bestimmten Temperatur lösen sich ihre Spuren im Blut komplett auf[2]. Und außerdem sind das seine Schlaftabletten, er nimmt sie täglich, jeder weiß, dass er nicht so gut schlafen kann", erklärte Mia.

„Sehr geschickt!", sagte Mathias. „Aber der Ehepartner ist immer der erste Verdächtige[3]."

„Ja, du hast Recht, aber nicht in diesem Fall. Denn es ist so: Sie kommt von ihrer Joggingrunde zurück und einige Leute stehen vor der Tür und die Feuerwehr ist schon im Einsatz. Dann rennt sie ins Haus und versucht – so denken alle – ihn zu retten. Sie kommt dann in letzter Sekunde raus und hat sich mehrere Brandverletzungen geholt, sie hat für ihn ihr Leben aufs Spiel gesetzt[4]."

„Ja, gut, OK, vielleicht würde die Polizei das sogar glauben, aber was für ein Motiv sollte sie denn haben?", fragte Mathias.

„Ich weiß nicht. Ich glaube, dass man manchmal einfach nur Lust hat zu töten", sagte Mia und schaute auf zu Sarah, Benedict und Lisa, die gerade mit den beladenen Tabletts zurückkamen, vorsichtig, um nichts umzuwerfen.

Sie kamen an und verteilten Teller und Gläser.

„Alles in Ordnung bei euch?", fragte Sarah. „Mia, wenn sie etwas Komisches gesagt haben, mach dir nichts daraus[5]: Die beiden sind ein wenig speziell!" Sie schaute provozierend zu ihren zwei Freunden hinüber, die einen etwas nachdenklichen Eindruck machten.

---

1   **die Obduktion** – *Untersuchung an einer Leiche*
2   **sich auflösen** – *zergehen, verschwinden*
3   **der / die Verdächtige** – *Person, von der man glaubt, dass sie ein Verbrechen begangen hat*
4   **aufs Spiel setzen** – *riskieren, in Gefahr bringen*
5   **Mach dir nichts daraus! (ugs.)** – *Ärgere dich nicht!*

„Ha, ha, sehr witzig, Sarah", erwiderte Mathias. „Wir haben uns gut benommen[1], du kannst beruhigt sein. Oder, Mia?"

„Ja, sicher!" Sie lächelte und nahm ihren Teller entgegen. „Oh, das sieht wirklich lecker aus, vielen Dank fürs Holen."

„Kein Problem! Also dann, guten Appetit zusammen! Und Prost!", sagte Benedict und fing an, einen Knödel durchzuschneiden.

„Hier fehlt zweimal Besteck, gibt es da vorne noch welches?", fragte Mathias und wollte gerade aufstehen.

„Ich gehe schon, bleib doch sitzen", sagte Mia und stand sofort auf. Mathias und Andrea beobachteten sie, wie sie zur Theke lief und sich über die Besteckkörbchen beugte. Plötzlich schauten sich die beiden erschrocken an. Konnte das sein? War das eine Verbrennung an ihrem Hals?

---

1 **sich benehmen –** *sich höflich verhalten*

og spesielt er det   *Rik på*

Representere

Karneval

Das **Allgäu** ist die südlichste Region Deutschlands und reich an
Wäldern, Wiesen und Gewässern und vor allem ist es Teil der Alpen.
Der Hochvogel (2.592 m), die Rotspitze (2.033 m) und der Säuling
(2.047 m) stellen die höchsten Gipfel dar. Das Allgäu ist auch reich an
alten Bräuchen. So wird an vielen Orten am ersten Wochenende nach
Fasching das Funkenfest oder der Funken gefeiert, um den Winter zu
verabschieden und den Frühling willkommen zu heißen. Für den Funken
wird ein Holzhaufen aus altem Holz und auch alten Christbäumen
aufgestapelt und möglichst weit oben eine Hexe aus Stroh befestigt, die
‚Funkenhexe'. Der Holzstapel wird oft schon am Samstag fertiggemacht,
aber traditionell erst am Sonntag angezündet. Deshalb muss er über
Nacht bewacht werden, damit Leute aus den Nachbardörfern ihn nicht
vorzeitig anzünden. Dies wäre ein schlechtes Omen. Der Höhepunkt
des Festes ist die Verbrennung der Hexe am Sonntagabend. Danach
wird oft noch ein Feuerwerk abgebrannt und im ganzen Dorf gefeiert.

2. MORD IM NEBEL

Ich erinnere mich nicht mehr an meinen Namen. Das ist das
erste, woran ich denke, als ich zu mir komme[1]. Ich schaue
mich irritiert um und versuche irgendetwas im dichten,
dunklen Nebel zu erkennen. Ich ertaste mit der Hand mein
Gesicht und fühle eine kleine Nase und einen kleinen Mund.
Ich versuche, mich an mein Aussehen, an die Farbe meiner
Haare oder die Form meiner Augen zu erinnern. Ich versuche,
mich an irgendein Detail zu erinnern, Aber ich habe keine
Ahnung, wer ich bin. Ich liege auf dem Boden, auf kaltem,
nassem Gras. Ich bin allein. Wieso bin ich hier? Ich suche nach
einer Antwort, finde aber keine. Der Nebel ist so dicht, dass
ich in alle Richtungen nur ein paar Meter weit sehen kann.
Ich versuche aufzustehen, aber ich bemerke einen pochenden
Schmerz[2] am Kopf, ich spüre ihn hinter meinem rechten Ohr.
Ich fasse mich vorsichtig an und fühle eine große Beule[3] und
eine klebrige Flüssigkeit. Ich schaue auf meine Finger und
selbst in der Dunkelheit kann ich die rote Farbe erkennen. Ich
werde etwas unruhig, dann wird die Unruhe schnell zu Angst:
Ich kann Gestalten[4] im Nebel sehen. Ich merke dann schnell,
dass es doch keine sind. Ich habe aber das Gefühl, dass ich
irgendwohin muss und die Zeit knapp wird. Ich setze mich auf
und untersuche meine Klamotten. Die Jeanshose scheint neu
zu sein, sie ist aber mit Schlamm und Grasflecken verschmutzt.
Das T-Shirt ist mir auch nicht vertraut: Es ist schlicht und

---

[1] **zu sich kommen** – *wieder bei Bewusstsein sein*
[2] **der pochende Schmerz** – *Schmerz, der mit dem Puls stärker wird*
[3] **die Beule** – *Schwellung, die durch einen Schlag entstanden ist*
[4] **die Gestalt** – *Person, die man nur undeutlich sehen kann*

schwarz. Ich leere meine Hosentaschen und zuerst finde ich nichts Interessantes: Kein Portemonnaie, keine Schlüssel, kein Handy. Aber dann sehe ich das Bild und ich halte inne[1]. Es ist eine Frau, und auch im Dunkeln kann ich sie erkennen. Ihre kurzen Haare stehen ihr so gut und ihre freundlichen blauen Augen sind einfach perfekt. Ja, ich kenne sie! Ich freue mich so, dass ich trotz der Schmerzen lachen muss. Wie ist ihr Name? Ich nehme einen letzten Gegenstand aus meiner Hosentasche heraus. Es ist eine Serviette mit einem einzigen Wort wieder und wieder darauf geschrieben. „Melanie", sage ich leise in den Nebel hinein und der Klang meiner Stimme kommt mir kalt und merkwürdig[2] vor. Melanie. Ich bin mir sicher, dass ich sie kenne, aber ich weiß nicht, woher. Ist sie meine Frau? Meine Freundin? Ich glaube, dass wir zusammen sind und plötzlich habe ich Angst, dass ihr etwas zustoßen[3] könnte. „Melanie!", schreie ich im Dunkeln, aber es kommt keine Antwort. Ich will ein zweites Mal nach ihr rufen, als es mir plötzlich einfällt. Es ist Melanies Gesicht, aber sie lächelt nicht wie auf dem Foto: Ihre Augen sind ängstlich und man kann Panik in ihrem Gesicht erkennen. Sie ist geknebelt[4], so dass sie nicht reden kann, und sie ist an eine Säule gefesselt, so dass sie sich auch nicht bewegen kann. Nein, nein, ich muss das verhindern! Ich stelle mich hin und versuche, das Gleichgewicht zu halten. Für einen Moment weiß ich nicht, was ich tun soll, aber dann ist mir klar, dass ich sie schnellstmöglich finden muss. Ich muss ihr helfen. Ich denke an die Verletzung an meinem Kopf und frage mich, ob sich jemand hier in der Dunkelheit verstecken könnte. Hat dieser Jemand Melanie bei sich und will er ihr wehtun oder sie vielleicht gar umbringen? Ich hole Luft und stoße fast einen Schrei aus, aber dann überlege ich es mir anders: Wenn die

---

1   **innehalten** – *das, was man tut, kurz unterbrechen*
2   **merkwürdig** – *seltsam, ungewohnt*
3   **zustoßen (mir stößt etwas zu)** – *passieren*
4   **knebeln** – *einer Person etwas in den Mund stecken, so dass sie nicht reden kann*

Person, die Melanie gefangen hält, mich hört, ist Melanie in Gefahr. Und jetzt kommt mir noch ein Bild in Erinnerung: Es ist das Gesicht eines Mannes. Es ist ein gewöhnliches[1] Gesicht mit dunklen Augen und fettigen dunklen Haaren. Das Gesicht hat nichts besonders Bösartiges an sich, aber ich weiß sofort, dass das der Mann ist, bei dem Melanie ist. Auf einmal hasse ich diesen Mann aus tiefster Seele. Ich fange an zu laufen, erst langsam, unsicher, in welche Richtung ich gehen soll. Der Weg wird auf einmal sehr steil und ich denke, dass das die richtige Richtung ist. Ich laufe jetzt schneller, auch wenn ich immer wieder ausrutsche, denn das Gras ist sehr glatt. Ich versuche, so schnell wie möglich voranzukommen. Während ich verzweifelt Richtung Bergspitze laufe, fallen mir immer mehr Details wieder ein. Ich kenne Melanie. Ich sehe sie vor meinem geistigen Auge[2], als sie eine schwarze Schürze[3] trägt. Oben an der Schürze steckt ein Namensschild mit ihrem Namen. „Hallo, Süßer", sagt sie zu mir, „wie war dein Tag im Büro?" Ich antworte nicht viel, schließlich muss ich nicht: Wir verstehen uns auch ohne Worte. Und ich weiß noch, dass ich dann auf dem Parkplatz auf sie warte, nachdem ich mit dem Essen fertig bin. Sie ist überrascht, mich dort aufzufinden. Aber das bin ich eben, spontan und immer voller Überraschungen.

Plötzlich höre ich den Knall eines Schusses und falle zu Boden. Kurz denke ich, dass ich gleich sterben werde und Melanie nicht werde helfen können. Aber dann merke ich ein Licht am Himmel und verstehe, dass es nur eine Leuchtrakete[4] war. Ich sehe dem Licht zu, wie es den Berghang erhellt. Wer hat sie abgeschossen? Der Mann mit den fettigen Haaren? Weiß er, dass ich hier bin? Es ist gut, dass er nach mir sucht, so kann

1   **gewöhnlich** – *normal*
2   **vor seinem geistigen Auge sehen** – *in Gedanken sehen, sich vorstellen*
3   **die Schürze** – *Kleidungsstück, das man bei der Arbeit trägt, damit die Kleidung nicht schmutzig wird*
4   **die Leuchtrakete** – *Rakete, die in die Luft geschossen wird und dabei lange und hell leuchtet*

er Melanie nicht wehtun. Ich stehe wieder auf und laufe noch schneller bergauf. Sind das Stimmen hinter mir? Ich drehe mich um, aber der Nebel ist immer noch zu dicht, er verschleiert[1] alles. Vor mir scheint er aber dünner zu werden und ich laufe jetzt etwas langsamer. Aus irgendwelchen Gründen bin ich mir sicher, dass ich sehr nah am Ziel bin – nah an Melanie? Ich fange an, den großen Umriss[2] eines Gebäudes zu erahnen, das auf der Spitze des Hügels steht.

„Die Grabkapelle Württemberg", kommt automatisch aus meinem Mund heraus.

„Ja", antwortet eine Stimme, „und hier endet es auch."

Ein großer Mann kommt hinter einer Säule[3] hervor. Ich erwarte, dass er dunkle Augen und fettige Haare hat, aber er sieht anders aus: Seine Haare sind blond und seine Augen hell. Das ist nicht der Mann, der Melanie gefangen hält. Vielleicht ist das sein Partner, sein Komplize. Ich will rennen, als ich die Pistole in seiner Hand erblicke[4].

„Ich will nur Melanie wiederhaben", sage ich, aber ich sehe den Hass in seinen Augen, er hat überhaupt nicht vor, sie freizulassen. Er wird sich nicht überzeugen lassen, nicht mit bloßen Worten. Plötzlich fällt mir wieder ein, wo sie ist. Meine einzige Chance ist es, sie selber zu befreien und zusammen mit ihr zu fliehen.

„Tun Sie das nicht!", sagt der Mann, als ob er die Absicht[5] in meinen Augen lesen könnte, aber ich muss es einfach versuchen. Zuerst denke ich, dass ich vielleicht schnell genug sein kann, aber dann höre ich den Verschluss der Pistole einrasten und spüre einen Schlag gegen meinen Rücken. Ich renne noch einen Augenblick und falle dann zu Boden. Ich befinde mich wohl genau an der Stelle, an der Melanie lag. Sie

1   **verschleiern** – *verbergen*
2   **der Umriss** – *Kontur, äußerer Rand einer Form*
3   **die Säule** – *großer Pfosten aus Stein, der das Dach eines Gebäudes stützt*
4   **erblicken** – *plötzlich sehen*
5   **die Absicht** – *Vorhaben, Plan*

ist allerdings nicht mehr da: Die Seile, mit denen sie gefesselt war, liegen am Boden.

„Melanie", sage ich und dabei lächle ich, denn sie ist das einzig Wichtige und sie hat sich offenbar in Sicherheit gebracht.

„Haben Sie ihn, Kommissar?", fragt eine Stimme hinter mir.

„Ja, das muss er sein", sagt der große Mann. „Er passt zur Beschreibung der jungen Dame: dunkle Haare, dunkle Augen. Auch die Kopfverletzung ist an der Stelle, die sie beschrieben hat."

„Hat sie gut gemacht."

„Ja. Wenn er das ist, wäre sie schon sein drittes Opfer[1] gewesen."

„Aber wieso ist er nicht abgehauen, das verstehe ich nicht. Wieso hat er auf uns gewartet?"

Der große Mann seufzt, bevor er antwortet: „Wer weiß. Ich kann diese Psychotypen wirklich nicht verstehen. Ich freue mich nur, dass es ihr gutgeht."

Ihr geht es gut. Ich verstehe sonst nichts von dem, was die beiden Männer gerade sagen, aber das habe ich verstanden. Ihr geht es gut. Ich lächle, glücklich. Melanie geht es gut.

MORD IM NEBEL

---

1 **das Opfer** – *Person, die verletzt oder getötet wird*

Grabkapelle auf dem Württemberg

Die **Grabkapelle auf dem Württemberg** in Stuttgart wurde von Wilhelm I.,
dem zweiten König von Württemberg, für seine verstorbene Frau Katharina erbaut. Nach der Legende ist Katharina an einer Erkältung
gestorben. Erkältet hatte sie sich, nachdem sie ihren Mann mit seiner
Geliebten gesehen hatte und in der Nacht geritten war. Wilhelm I.
ließ die Burg der Württemberger, die schon seit dem 11. Jahrhundert
auf dem Berg stand, Stein für Stein abtragen und an ihrer Stelle die
Grabkapelle bauen. Die Bauarbeiten für den Bau fingen allerdings erst
dann an, als diese durch Spenden der Bevölkerung ermöglicht wurden.
Da Katharina dem russisch-orthodoxen Glauben angehörte, wurde die
Grabkapelle als russisch-orthodoxe Kirche genutzt.

3. GOTT STECKT
IM DETAIL

Die Gassen der Innenstadt sind ruhig: Es ist Sonntag, kurz nach achtzehn Uhr, die Leute kommen von ihren Sonntagsausflügen und -besuchen zurück, wollen endlich zu Hause ankommen, vielleicht einen Krimi anschauen und vor allem nicht daran denken, dass morgen Montag ist. Es ist Ende September und die Sonne fängt an, am Horizont unterzugehen. Daniel Huber steht an der Tür eines geschlossenen Ladens in der Residenzstraße und wartet. Er raucht eine Zigarette nach der anderen und genießt zutiefst[1] den Geschmack jedes Zuges. Es gibt auch einen weiteren Geschmack, den er gerade auskostet[2]: den der Freiheit. Aber er muss vorsichtig sein: Die Polizei ist überall und sucht nach ihm. Wenn er seine kostbare Freiheit behalten will, muss er wachsam sein.

Er schaut auf die Straße mit ihren geschlossenen Läden. Aber vor allem schaut er auf den Dom. Als Kind ist er immer zur Messe hierhergekommen. Samstags hat er mit seinem Bruder bei seinem Onkel in der Innenstadt übernachtet und sonntags sind sie immer zur Messe gegangen. Er war sogar bei den Domspatzen[3] dabei. Er hat so viel Zeit innerhalb dieser Kirche verbracht. Und jetzt … Wie lange hat er die Kirche nicht mehr betreten? Es sind wohl um die 15 Jahre. Aber das ist jetzt nicht so wichtig. Was wichtig ist, ist der Unterschlupf[4], den ihm die Kirche bieten kann. Jetzt sind sicherlich nur noch ein paar Leute in der Kirche, es ist kurz vor der Schließzeit.

---

1   **zutiefst** – *sehr*
2   **auskosten** – *genießen*
3   **die Domspatzen (Pl.)** – *berühmter Knabenchor des Regensburger Doms*
4   **der Unterschlupf** – *Ort, an dem man sicher ist; Versteck*

Er muss jetzt rein, das ist der perfekte Zeitpunkt. Er zieht den Kragen[1] seiner gestohlenen Jacke hoch, damit die Gefängnisuniform, die er darunter trägt, nicht zu sehen ist. Er wirft den Zigarettenstummel auf den Boden und hält kurz inne, denn er hört eine Sirene aus der Ferne. Sie wird aber leiser. Er überquert langsam den Domplatz und schaut sich lässig[2] um, scheinbar ruhig. Als er vor der hölzernen Seitentür steht, atmet er ein. Dann zieht er sie auf und tritt ein. Der Geruch hat sich kein bisschen verändert. Er wird sofort in die alten Zeiten zurückversetzt. Ihm wird klar, dass er die Kirche noch in- und auswendig kennt[3]. Er kennt noch ganz genau das Lichtspiel der farbigen Fenster und den Gesichtsausdruck der Steinfiguren. Und er weiß, dass er unterhalb der neuen Orgel hineingelaufen ist, obwohl er sie noch nicht gesehen hat. Sie ist eingebaut worden, während er im Gefängnis war, aber er hat in der Zeitung davon gelesen. Er rechnet kurz die Zeit zusammen, die er in dieser Umgebung verbracht hat, während Pfarrer Antoni seine Predigten gehalten und die ganze Kirchengemeinde zusammengebrüllt[4] hat – vielleicht 20 volle Tage seines Lebens? Pfarrer Antoni ist schon immer ein cholerischer[5] Mann gewesen. Er war aber auch herzlich und Daniel hofft, dass er es immer noch ist.

Mit seiner Vermutung hatte er Recht: Es sitzen nur noch zwei ältere Damen auf den Kirchenbänken. Sie sitzen ganz vorne, nicht so weit voneinander entfernt und murmeln ihre Gebete vor sich hin. Vor einem Kerzenständer steht noch ein Mann Mitte fünfzig. Niemand scheint Interesse an ihm zu haben, niemand schaut auf oder dreht sich um. Wunderbar, denkt sich Daniel. Dann sieht er das, wonach er gesucht hat

---

1   **der Kragen** – *Teil der Kleidung, der um den Hals herumgeht*
2   **lässig** – *locker, entspannt*
3   **in- und auswendig kennen** – *sehr gut kennen*
4   **zusammenbrüllen** – *laut ausschimpfen*
5   **cholerisch** – *schnell wütend und laut*

und läuft hinüber zum Beichtstuhl[1]. Als er sich nähert, geht eine Seitentür der Kirche auf und eine Frau tritt herein. Er will nicht, dass sein Gesicht aus der Nähe gesehen wird, also macht er die Tür des Beichtstuhls schnell auf und hinter sich wieder zu. Sobald er drinnen sitzt, hasst er die hölzernen Wände und das Gitter zwischen den beiden Räumen jetzt genauso, wie er sie damals gehasst hat. Er musste wöchentlich beichten, sein Onkel wollte es so und er hat immer viel erfunden, denn er war viel zu brav für die Beichte. Was für eine Wendung die Dinge nehmen[2] können. Und außerdem ist er durch die Freiheitsstrafe ziemlich allergisch gegen kleine Räume geworden. Die Zukunft kann er sich nicht so richtig vorstellen, aber eines steht fest: Er braucht Natur und viel Platz um sich.

„Herr Pfarrer, sind Sie da?"

Niemand antwortet und er kann hinter dem Gitter auch keine Bewegungen sehen. Er versucht, eine bequeme Stellung zu finden und stellt sich auf Warten ein. Nach ein paar Minuten fängt er an, eine Müdigkeit zu spüren, die wie eine warme Dusche auf ihn herunterfällt. Er hat letzte Nacht nicht geschlafen und lange gelaufen ist er auch. Er kann sich gegen die Müdigkeit nicht wehren. Er beschließt, die Augen kurz zuzumachen und lehnt den Kopf gegen das Gitter. Er darf allerdings nicht einschlafen, er darf nicht … Und dann schläft er doch ein.

Er träumt von dem Koffer, der in der Garage seines Bruders vergraben liegt, aber wenn er den Koffer aufmacht, sind da keine Geldscheine, sondern alte Zeitschriften und schmutzige Klamotten. Er wird wütend und will seinen Bruder zur Rede stellen[3], als plötzlich sein Handy klingelt. Der Anrufer sagt immer wieder „Hallo?". Als ihm das Handy aus der Hand herunterfällt, schreckt er aus dem Schlaf auf. Eine Sekunde

1 der Beichtstuhl – *Art Kabine, in der man einem Priester von seinen schlechten Taten erzählt*
2 eine Wendung nehmen – *sich in eine andere Richtung entwickeln*
3 zur Rede stellen – *eine Person auffordern, Gründe für ihr Handeln zu nennen*

GOTT STECKT IM DETAIL

lang weiß er nicht mehr, wo er ist, aber es kommt alles schnell wieder. Auf der anderen Seite des Gitters sitzt jemand: „Hallo? Hallo, ist jemand da?"

„Ja, ich bin da", sagt Daniel und für einen Augenblick ist zwischen den beiden Stille. Dann fährt er fort: „Vergib mir, Vater, denn ich habe gesündigt."

Wieder eine lange Stille. Daniel versucht, das Gesicht des Pfarrers durch das Gitter hindurch zu sehen, aber er kann nur seinen Umriss sehen. Nach einigen langen Augenblicken antwortet der Pfarrer.

„Ich höre, mein Sohn."

„Zuerst müssen Sie mir etwas versichern. Alles, was ich hier sage, fällt unter die Schweigepflicht[1], oder?"

„Das stimmt, so ist es", sagt der Pfarrer. Daniel denkt, dass er eine ruhige, ehrliche Stimme hat.

„Sind Sie das, Pfarrer Antoni?"

„Antoni? Nein. Mein Name ist Knut. Pfarrer Antoni ist vor über zehn Jahren verstorben."

Daniel nickt im Dunkeln.

„Können Sie trotzdem zuhören, auch wenn Sie nicht mein Pfarrer sind?"

„Jeder kann zuhören", sagt Pfarrer Knut ruhig.

„Aber versprechen Sie, niemandem irgendwas von dem zu erzählen, was ich Ihnen gleich sagen werde?"

„Ich verspreche es, ich werde es keiner Seele erzählen."

Daniel nickt noch einmal mit dem Kopf und holt Luft.

„Herr Pfarrer, ich muss Sie um etwas bitten. Ich brauche einen Unterschlupf."

„Unterschlupf?"

„Ja. Ich muss ein paar Tage untertauchen[2], höchstens eine Woche. Können Sie mich aufnehmen, können Sie das tun?"

---

1 **die Schweigepflicht** – *Verbot bestimmter Berufsgruppen (Priester, Ärzte usw.), Informationen weiterzugeben*
2 **untertauchen** – *sich vor Feinden oder der Polizei verstecken*

„Vielleicht. Aber warum brauchen Sie einen Unterschlupf? Ich kann Ihnen nur dann helfen, wenn Sie mir sagen, warum. Wenn Sie Gottes Vergebung[1] haben wollen, müssen Sie offen reden."

„Einverstanden, aber Sie haben es versprochen: Sie sagen niemandem was."

„Ja, machen Sie sich keine Sorgen, ich stehe zu meinem Wort[2]."

„Ok. Ich heiße Daniel Huber – kommt Ihnen der Name bekannt vor?"

„Ja, das tut er. Ihr Name wird in jeder Nachrichtensendung erwähnt. Sie sind der Ausbrecher, Sie sind vor zwei Tagen aus dem Gefängnis geflohen. Sie sollten sich der Polizei stellen."

„Nein! Sie haben es versprochen! Niemand darf erfahren, dass ich hier bin."

„Dann sollen Sie mir alles erzählen."

„Es gibt nicht so viel zu erzählen. Ich bin aus dem Wagen geflohen, mit dem sie mich zum Krankenhaus fahren wollten. Ich habe gesagt, dass ich Magenschmerzen habe. Fieber hatte ich mir auch „organisiert". Der Arzt dachte, dass es eine Blinddarmentzündung[3] sein könnte. Aus dem Wagen auszubrechen, war dann relativ einfach."

„Gott wird dafür über Sie urteilen[4]. Aber wieso sind Sie in Regensburg geblieben?"

„Die Sache ist die: Ich muss noch etwas holen, bevor ich verschwinde. Und das ist der Grund, warum Sie mir helfen sollen. Ich muss ein paar Tage abwarten, bis die Polizei denkt, dass ich weit weg bin. Dann kann ich diesen … diese Sache holen und endlich gehen. Und ich verspreche Ihnen hoch und heilig[5]: Ich werde nie wieder in meinem Leben etwas Illegales tun. Ich werde ein ehrliches Leben führen."

---

1   **die Vergebung** – *Verzeihung*
2   **zu seinem Wort stehen** – *das tun, was man gesagt hat*
3   **die Blinddarmentzündung** – *Entzündung des letzten Traktes des Darms, Appendizitis*
4   **urteilen (über + Akk.)** – *eine Person und ihre Handlungen prüfen und dann bewerten*
5   **hoch und heilig versprechen** – *ganz fest versprechen*

„Ich verstehe", sagt Pfarrer Knut. „Ich will Ihnen helfen. Und wenn Sie alles beichten, werde ich dies auch tun. Aber Sie sind nicht ganz ehrlich gewesen. Wie ich immer sage, Gott steckt im Detail. Also sagen Sie ruhig: Was ist dieses ,Ding', das Sie holen wollen?"

Daniel zögert. Er fragt sich, ob er den Pfarrer belügen soll. Aber wieso sollte er? Pfarrer sind anders als herkömmliche Menschen.

„Es ist ein Koffer. Und in dem Koffer sind eine halbe Million Euro. Und ja, das Geld ist gestohlen, aber ich habe es vorhin ernst gemeint: Ich werde ab jetzt nichts mehr machen, mit dem Sie nicht auch einverstanden wären. Das ist vor vielen Jahren gewesen, damals habe ich einen Geldtransporter überfallen. Er ist für eine Bank gefahren. Banken haben Versicherungen über Versicherungen. Im Grunde hat also niemand das Geld verloren. Nur … ich habe es sozusagen gewonnen. Und selbstverständlich habe ich bei der Aktion damals niemanden verletzt."

Diesmal dauert die Stille ziemlich lange. Daniel hört, wie sich die Frauen unterhalten, während sie die Kirche verlassen.

„Nun gut. Ich verstehe, mein Sohn. Und ich bin bereit, Ihnen zu helfen. Sie können einige Tage bei mir wohnen."

„Oh, vielen Dank, vielen herzlichen Dank, das ist wirklich großzügig von Ihnen."

„Aber, wie ich schon gesagt habe, Gott steckt im Detail. Also: Wo genau ist dieser Koffer?"

„Was – wieso?"

„Ich muss mich versichern, dass Sie niemandem wehtun, um an das Geld zu kommen."

Daniel lacht.

„Nein, nein, das passiert garantiert nicht. Er liegt unter der Bodenplatte der alten Garage meines Bruders. Die Garage ist ein bisschen außerhalb, in der Rauberstraße. Witziger Name, finden Sie nicht auch?"

„Gut, also wir machen das so: Sie warten kurz hier im Beichtstuhl. Ich gehe die Türen abschließen und dann können Sie zu mir in die Wohnung kommen."

Zum ersten Mal in den letzten zwei Tagen fühlt Daniel, dass sich die Dinge zum Guten wenden[1]. Er spürt, wie sich sein Körper entspannt. Er muss bloß ein paar Tage Geduld haben, dann kann er endlich die vergangenen Jahre hinter sich lassen. Manchmal meint es das Leben einfach gut mit einem.

„Ich weiß nicht, wie ich Ihnen danken soll, wirklich. Und Sie können sich darauf verlassen, dass der Dom auch etwas davon bekommen wird. Wie wäre es mit 5.000?"

Pfarrer Knut antwortet nicht. Dann hört Daniel ein lautes, seltsames Geräusch. Etwas Schweres knallt gegen die Tür des Beichtstuhls. Er versucht, die Tür aufzumachen, aber sie ist versperrt[2].

Bevor Daniel anfangen kann zu schreien, hört er die ruhige Stimme noch einmal.

„Ich habe Ihnen gesagt, dass jedermann zuhören kann, oder? Und ich habe Ihnen auch gesagt, dass Gott im Detail steckt. Und ein wichtiges, sogar sehr wichtiges Detail ist, dass Sie auf der falschen Seite des Beichtstuhls sitzen. Ich bin selbst rein, um den Diebstahl einer weiteren Whiskeyflasche zu beichten, aber das kann warten. Ich glaub', ich kann morgen nochmal zurückkommen, da werde ich wohl mehr zu beichten haben. Und jetzt zu den wichtigen Sachen. Wie sagten Sie nochmal, dass die Straße heißt? Rauberstraße, richtig?"

Und dann verschwindet die Stimme und das Einzige, was in der Kirche zu hören ist, ist das verzweifelte Schreien von Daniel Huber.

GOTT STECKT IM DETAIL

---

1 **sich zum Guten wenden –** *eine positive Entwicklung nehmen*
2 **versperrt –** *verschlossen, blockiert*

Regensburger Dom

Der Regensburger Dom St. Peter erhielt 2009 seine erste große Orgel,
die 37 Tonnen wiegt. Jedes Jahr werden im Juni und Juli viele Konzerte
im Dom angeboten. Außerdem kommt die Orgel täglich für die
Mittagsmeditation zum Einsatz: In den Frühlings- und Sommermonaten
wird eine Viertelstunde lang Musik für die Besinnung[1] gespielt. Auch
die Domspatzen sind ein sehr wichtiger Bestandteil der musikalischen
Tradition des Regensburger Doms: 1976 haben sie ihr 1000-jähriges
Bestehen gefeiert. Während der Schulzeit ist der Knabenchor jeden
Sonntag um 10 Uhr zu hören. Darüber hinaus singen die Domspatzen zu
allen großen Festen im Kirchenjahr.

---

1   **die Besinnung** – *ruhiges Nachdenken*

4. AUF DER LANDSTRASSE

Der neue Wagen ist sein Geld wert, man kann nichts dagegen sagen. Er ist sehr leise und angenehm zu fahren. Er scheppert[1] nicht wie der alte. Und außerdem ist die Farbe ziemlich cool, ein hochglänzender Lack, ein tiefes Blau. Die vorderen Fenster sind heruntergelassen und Carsten lässt beim Fahren seinen Arm im Gegenwind schweben. Im Radio spielt *Sweet Jane*: Das Lied macht sein Freiheitsgefühl vollkommen. Er dreht lauter und singt mit. Er merkt aber, wie ihm das Singen schwerfällt: Er ist todmüde und vom vielen Whiskey und Bier der letzten Nacht noch verkatert[2]. Er könnte die nächste Ausfahrt nehmen und eine kurze Schlafpause machen. Andererseits wäre es nicht schlecht, durchzufahren und endlich zu Hause anzukommen: Es sind nur noch 200 km bis nach Stralsund und er will in seinem Bett schlafen. Außerdem will er so schnell wie möglich von Cottbus wegkommen, dieser schrecklichen Stadt. In der diese grauenhafte Frau lebt. Er schaut auf den Rücken seiner rechten Hand, die das Lenkrad hält. Die Haut ist wund[3]. Er versucht seit Stunden, sich an die vergangene Nacht zu erinnern, aber er hat einen Filmriss[4]. Vielleicht ist es besser so.

Dämliche Kuh[5].

Er versucht, an etwas anderes zu denken. Er konzentriert sich auf den Song und spielt Schlagzeug mit. Das waren Zeiten, die

---

[1] **scheppern (ugs.)** – *ein Geräusch machen, das entsteht, wenn Dinge aus Metall gegeneinander schlagen*
[2] **verkatert sein** – *an den körperlichen Folgen des Alkoholkonsums (Kopfschmerzen, Übelkeit usw.) leiden*
[3] **wund** – *leicht verletzt*
[4] **der Filmriss (ugs.)** – *Gedächtnislücke*
[5] **Dämliche Kuh!** – *Schimpfwort für eine Frau, über die man sich geärgert hat*

hatten es wirklich gut, die Rocker von damals. Ach, vielleicht ist es Zeit für ein Schlückchen? Nur ein kleines, das hilft bestimmt gegen die Kopfschmerzen. Er nimmt den Flachmann[1] aus dem Handschuhfach[2], schraubt ihn auf und trinkt. Für einen Augenblick wird ihm schlecht. Ein paar Bilder von der Nacht und der Frau kommen wieder hoch. Aber gleich geht es ihm besser und er nimmt noch einen Schluck. Er spürt die Wärme in seinem Magen und lacht: Es wird alles gut, er fährt gerade nach Hause, hat die vergangene Woche einen wichtigen Auftrag zu Ende gebracht und es gibt überhaupt keinen Grund, sich nicht zu freuen. Cottbus und die Cottbusserin sind Vergangenheit. Auf seinem Hemd von gestern sind zwar ein paar Tropfen Blut und seine Hand tut weh. Aber beides ist nicht so wild, das Hemd ist in der Reisetasche und die Hand wird bald wieder heil sein.

„Vergiss es einfach", denkt sich Carsten. „Du hast jetzt zwei Wochen Urlaub!"

Übermorgen verreist er nach Schweden, er geht mit drei Freunden wandern und campen.

Sie war nicht die erste Frau und wird auch nicht die letzte sein. Vielleicht wird er in Schweden jemanden kennenlernen, eine respektvollere Frau, eine, die ihn nicht auslachen wird.

Er fährt ohne Unterbrechungen weiter und eine Zeit lang fühlt er sich besser. Die Sonne ist gerade untergegangen und der Himmel fängt an, rötlich und rosa zu werden. Die Musik läuft und seine Gedanken schweifen[3]. Plötzlich wird die Musik von einer Meldung unterbrochen: etwas über ein Opfer in Cottbus und eine gefährliche Person. Er will genauer hinhören, aber in diesem Moment klingelt sein Handy und das Radio schaltet automatisch auf leise. Er drückt den Anruf weg, doch als die Sendung wieder zu hören ist, spielt wieder Musik.

---

1   **der Flachmann** – *kleine, flache Schnapsflasche, die man in die Tasche stecken kann*
2   **das Handschuhfach** – *kleines Fach im Auto, direkt vor dem Beifahrersitz*
3   **schweifen** – *ziellos umherwandern*

Kann das sein? Hat er sie umgebracht?

Er schaut wieder auf seine Hand und versucht, eine Faust zu machen, aber das tut weh. Was hat er letzte Nacht gemacht? Er bemüht sich, alles von Anfang an zu rekonstruieren. Er kann sich noch an die Kneipe erinnern. Er weiß noch, dass er sie auf ein Bier eingeladen hat. Und dann auf noch eins und noch eins. Er weiß zwar nicht mehr, wie sie ins Hotelzimmer gekommen sind, aber dass sie dort geknutscht[1] haben, das weiß er noch. Dann war etwas und sie hat laut gelacht. Sie hat ihn ausgelacht, aber der Grund ist ihm komplett entfallen. Es war etwas Unwichtiges, etwas, das er gemacht oder gesagt hat.

Und dann …

An den Rest kann er sich beim besten Willen[2] nicht erinnern. Er ist irgendwann aufgewacht und hat allein dagelegen. Er hat das Blut gesehen, es war nur wenig, und er hat gemerkt, wie seine Hand schmerzt, und sofort wusste er, wieso. Er war sich sicher, dass es so gewesen war.

Er muss an all die Male zurückdenken, in denen er zugesehen hat, wie sein Vater seine Mutter schlägt.

„Verdammt!", sagt er laut. Er fühlt kein bisschen Müdigkeit mehr, er ist nur angeekelt[3].

„Scheiße!" Er spürt eine leichte Panik und entscheidet sich, die Bundesstraße zu verlassen, falls er doch etwas Schlimmes angerichtet hat und die Polizei nach ihm sucht. Nach Schwedt an der Oder fährt er auf die L27 Richtung Löcknitz. Soll er überhaupt nach Hause fahren? Wenn die Polizei nach ihm sucht, wird sie es als Erstes mit einem Hausbesuch versuchen. Die Straße ist komplett leer, kein Autofahrer weit und breit. Das beruhigt ihn, er ist noch in der Lage nachzudenken. Es dämmert[4] und es wird immer schwieriger, auf den Feldern

---

1   **knutschen (ugs.)** – *sich intensiv küssen*
2   **beim besten Willen** – *auch mit der größten Mühe*
3   **angeekelt sein** – *eine starke Abneigung fühlen*
4   **dämmern (es dämmert)** – *es wird Abend, es wird dunkler*

rechts und links der Straße irgendetwas zu erkennen. Dann beginnt ein Waldabschnitt. Und dann sieht er es. Das Blaulicht des Autos hinter ihm.

„Nein, nein, bitte nicht, nein, bitte nicht", sagt er leise.

Kurz denkt er an die Möglichkeit, nicht anzuhalten, aber es gibt keine Seitenstraßen, er hat keine andere Wahl.

„Scheiße, Riesenscheiße! Ok – bleib cool, Carsten, bleib einfach cool." Er bremst sanft ab.

Er hält am Straßenrand an und schaltet den Warnblinker[1] ein. Dann legt er eilig den Flachmann, der immer noch auf dem Beifahrersitz liegt, in das Handschuhfach zurück. Er sieht den Polizisten aussteigen und rechnet sich aus, dass er noch Zeit hat, sich eine Zigarette anzuzünden, bevor er bei ihm ist. Für den Fall, dass er nach Alkohol riecht und einen Alkoholtest machen muss. Er würde alles geben, um sich an die vergangene Nacht erinnern zu können. Den Gesichtsausdruck der Frau, als er ihr eine Ohrfeige verpasst hat, hat er jetzt wieder vor Augen. Der Polizist ist groß und scheint jung zu sein. Und er ist allein. Er läuft langsam Richtung Carstens Auto. Er trägt eine Sonnenbrille, obwohl es bereits ziemlich dunkel ist. Merkwürdig, denkt Carsten. Seine Uniform kommt ihm auch merkwürdig vor, er kann aber nicht sagen, warum. Der Polizist steht jetzt neben ihm vor der Autotür.

„Abend. Ich bin einen Tick[2] zu schnell gefahren, das tut mir leid. Ich war die ganze Woche auswärts arbeiten und Sie wissen schon, in einer Stunde geht das Spiel los."

Er versucht, eine Verbindung herzustellen, vielleicht ist der Typ locker. Der Polizist schaut ihn an und nickt, sagt aber kein Wort.

Also redet Carsten weiter.

---

1   **der Warnblinker –** *gelbe Lichter an einem Fahrzeug, die rechts und links gleichzeitig blinken*
2   **ein Tick (ugs.) –** *ein wenig, eine Kleinigkeit*

„Landstraßen sind halt so, man vergisst alles um sich herum."

Er glaubt gesehen zu haben, dass der Polizist gerade auf seine Hand geblickt hat. Scheiße. Wurde er wirklich deswegen angehalten? Hat er der Frau etwas Schlimmes angetan? Hat er mehr als einmal auf sie eingeschlagen? Liegt sie irgendwo tot? Ist er selbst der Typ, vor dem sie im Radio gewarnt haben?

„Ja, das geht vielen so. Schöner Wagen. Gehört er Ihnen?"

Der Polizist spricht langsam und ruhig.

„Sicher, hier sind – Moment – mein Führerschein und der Fahrzeugschein. Bitte schön."

Der Polizist nickt, nimmt die Papiere aber nicht entgegen.

„Ich muss Sie bitten, aus dem Auto zu steigen."

Carsten versucht zu lächeln. Er schaut blitzartig zur Pistole, die am Gurt des Polizisten hängt. Ob er es schaffen würde, sie wegzunehmen? Er kann über Polen nach Russland fliehen. Aber es könnte auch eine Routinekontrolle sein, er sollte erst abwarten und sehen, was kommt. Einfach cool bleiben, wiederholt er sich in Gedanken.

„Steigen Sie bitte aus", fordert der Polizist ihn wiederholt auf.

„Aber sicher", sagt Carsten und macht die Tür auf. Während er sich hinstellt, mustert[1] er den Polizisten. Jetzt weiß er, was mit der Uniform nicht stimmt: Sie ist viel zu kurz für ihn.

„Machen Sie bitte den Kofferraum auf."

Das blutbefleckte Hemd. Sucht er nach Beweisen?

„Darf ich fragen, wieso?"

„Routinekontrolle."

Das Hemd liegt nicht offen herum, sondern ist in seiner Reisetasche, also es ist noch nicht alles verloren.

„Natürlich."

---

1 **mustern** – *genau ansehen*

Er geht zum Kofferraum und während er an dem Hebel zieht, steht der Polizist hinter ihm. Aber er macht die Klappe nicht sofort auf. Es fällt ihm ein, dass er dort auch seinen Hockeyschläger liegen hat. Im Notfall kann er ihn benutzen. Nur falls der Polizist den Inhalt seiner Tasche prüfen will.

„Machen Sie bitte auf."

„Entschuldigung, klar." Carsten fängt an, die Klappe langsam anzuheben. Plötzlich nimmt er eine Spiegelung im Lack wahr: Der Polizist hebt gerade seinen Arm und in der Hand hält er ein Messer. Er kann diese Szene nicht sofort verstehen und vor allem nicht gleich reagieren. Aber dann begreift sein Körper die Situation und er geht in die Knie, um dem Messer auszuweichen[1]. Gleichzeitig rammt er dem Polizisten seinen Ellenbogen mit voller Wucht in den Magen. Der Polizist fällt zu Boden. Dann läuft Carsten zum Polizeiauto. Und da sieht er die Leichen. Eine ist die einer Polizistin. Die zweite Leiche ist ein Mann, er liegt in seiner Unterwäsche da. Carsten stürzt sich in den Wald hinein. Er rennt, so schnell er kann, und versucht trotz der Bäume in einer möglichst geraden Linie zu laufen. Er hat nicht den Mut, sich umzudrehen und zu schauen, ob ihm der falsche Polizist folgt. Er wird es schon schaffen, denkt er, er ist im Laufen schon immer einer der Besten gewesen. In diesem Moment fällt ihm der Ausgang der letzten Nacht wieder ein. Er hat sie geschlagen, sie hat ihn angeschrien und er hat sie aus dem Hotelzimmer geschmissen. Und dann, bevor er die Tür zugeknallt[2] hat, hat sie ihm noch zugeschrien: „Ich hoffe, dass du alleine stirbst und dass dich die Tiere fressen!"

Er muss fast lächeln, denn das scheint jetzt keineswegs unwahrscheinlich zu sein. Das Lächeln vergeht ihm jedoch auf der Stelle, denn er hört jemanden hinter sich herlaufen.

---

1 **ausweichen (+ Dat.)** – *sich zur Seite bewegen, damit man nicht von einem Gegenstand getroffen wird*
2 **zuknallen** – *mit viel Kraft zumachen*

Mecklenburg-Vorpommern

Das Bundesland **Mecklenburg-Vorpommern** ist von der Landwirtschaft geprägt: Fast zwei Drittel der Landesfläche werden landwirtschaftlich genutzt. Nahezu 80 Prozent dieser Fläche dienen als Ackerland. Heute arbeiten in Mecklenburg-Vorpommern noch immer mehr Menschen in der Landwirtschaft als in jedem anderen Bundesland (4,3 Prozent der Erwerbstätigen).

Das Land hat ca. 1,6 Millionen Einwohner (2014). Seine größte Bevölkerungszahl erreichte es 1946: Die Flüchtlingswellen während und nach dem Krieg ließen die Einwohnerzahl auf über 2,1 Millionen Menschen ansteigen. Die Abwanderung in den Westen setzte dann einen Bevölkerungsschwund in Gang.

5. DIE U-BAHN

In der U-Bahn-Station ist die Luft heiß und trocken und die Beleuchtung grell[1]. Martina überlegt kurz, ob sie sich hinsetzen soll, Sitze gibt es genug und die Bahn kommt erst in fünf Minuten, sie ist zu früh zur Station hinunter. Sie schaut sich nach den wenigen anderen Pendlern und Fahrgästen um: Die meisten wischen auf ihren Handys herum. Andere starren einfach vor sich hin und vermeiden jeden Blickkontakt. Die meisten machen den Eindruck, ziemlich erledigt[2] vom Arbeitstag zu sein. Hinzu kommt diese gefühlt unendliche Wartezeit und dann die zähe[3] Heimfahrt, während der man fast das Sprechen verlernt. Es muss die Leute viel Mühe kosten, zu Hause angekommen die Frage zu beantworten: „Und, wie war dein Tag?" Aber das ist nicht Martinas Problem. Auf sie wartet nur ihr gemütliches Sofa. Sie überlegt, ob sie Pizza oder etwas Indonesisches holen soll. Pizza ist praktischer zu essen, vor allem vor dem Fernseher. Andererseits hätte sie mehr Lust auf Indonesisch. Das dazu passende Bier hat sie auch da. Sie würde gerne jetzt schon anrufen und bestellen. Der Gedanke bremst sie, dass dann alle ihr Telefonat mithören und sofort wissen würden, dass sie allein wohnt. So viel Leichtsinn[4] ist in diesen Tagen nicht zu empfehlen. Sie denkt sich, dass sie heute unbedingt früh ins Bett muss. Während sie daran denkt, tut sie sich selbst ein wenig leid: arbeiten, essen, schlafen, aufstehen, wieder arbeiten, wieder essen und so weiter, wie in einer

---

1 **grell** - *unangenehm hell; blendend*
2 **erledigt** - *sehr müde, ohne Kraft*
3 **zäh** - *sehr langsam*
4 **der Leichtsinn** - *unüberlegtes Verhalten, fehlende Vorsicht*

Endlosschleife[1], oder wenigstens bis zum Wochenende – oder bis zur Rente. Mit 65 wird sie das echte Leben genießen können. Was für ein schöner Gedanke.

Sie schaut hoch zur Anzeigetafel: Der Zug fährt in einer Minute ein. An einem normalen Arbeitstag wäre der Bahnsteig rappelvoll[2]. Heute nicht, heute wird sie sich nicht durchkämpfen müssen, um einzusteigen.

Sie hört den Zug, der sich dem Bahnhof nähert. Sie darf im Zug nicht einschlafen, sie muss die halbe Stunde wach bleiben. Zum Glück kann sie direkt zur Lipschitzallee fahren. Andernfalls, hätte sie den Job gar nicht angenommen.

Die Scheinwerfer sind zuerst zu sehen, dann taucht der ganze Zug aus dem Tunnel auf. Sie genießt die Brise, die durch die Einfahrt des Zuges entsteht, und blickt in die vorderen Wagen hinein, die an ihr vorbeiziehen: Sie sind halbleer, manche sogar ganz leer. Als der Zug quietschend[3] zum Stehen kommt, zieht Martina am Türgriff und steigt ein. Sie betrachtet schnell die Sitzmöglichkeiten und entscheidet sich für einen Platz in einer Viererreihe, von wo aus sie einen guten Überblick über den ganzen Wagen hat. Es ist unangenehm heiß. Sie hofft, ihr Kreislauf[4] steht die Fahrt durch. Sie mustert kurz die anderen Fahrgäste, acht Leute. Unter ihnen ein junges Pärchen, das Händchen hält und direkt vor ihr sitzt. Dann zwei Geschäftsleute mit Anzug und Aktenkoffer beziehungsweise Rucksack; eine alte Dame drei Sitze weiter links von ihr; eine Mutter und ihr ungefähr zehnjähriger Sohn bei der anderen Tür. Und ein merkwürdiger Typ in einem Mantel. Allein die Tatsache, dass er einen Mantel trägt, ist wunderlich: Es sind über 25 Grad draußen, die meisten Leute laufen im T-Shirt herum. Er trägt die Kapuze seines Sweatshirts bis über die Stirn

---

1 **die Endlosschleife** – *eine Folge an Handlungen, die sich immer gleich wiederholt und nie aufhört*
2 **rappelvoll (ugs.)** – *sehr voll*
3 **quietschen** – *einen langen hohen Ton von sich geben*
4 **der Kreislauf** – *Blutzirkulation*

gezogen. Sein Gesicht missfällt ihr. Er hat eine ungesund blasse Haut, als wäre er seit Jahren nicht mehr in der Sonne gewesen. Er trägt einen Dreitagebart und sie ist sich sicher, dass seine Augen voller Hass sind.

Der Zug fährt ab und sie schüttelt den Kopf: Hör auf, dir selber Angst einzujagen, denkt sie sich. Sie zieht ein Buch aus ihrer Tasche heraus und als sie das Bild auf dem Cover sieht, muss sie schmunzeln[1]: Da ist ein junger Mann mit Kapuze und Dreitagebart abgebildet, dessen Augen im Dunkeln bleiben. Ihre neue Krimilektüre für die Bahn. Das nächste Buch sollte vielleicht lieber etwas Fröhlicheres sein. Der Typ ist bestimmt ein ganz lieber Kerl. Jeder sieht ein bisschen merkwürdig aus, wenn er schweigend in der Bahn sitzt. Zehn Minuten lang liest sie in ihrem Krimi weiter. Sie fühlt sich besser, entspannter und denkt nicht mehr an den Grund, warum in der U-Bahn so wenig Betrieb ist. Der Zug kommt am nächsten Bahnhof an und schon bevor die Türen aufgehen, sind klare, junge Stimmen zu hören. Sie braucht nicht aufzuschauen, um zu wissen, was auf dem Stationsschild steht: Sie fahren gerade am Tempelhofer Feld vorbei. Eine Gruppe von zehn bis zwölf jungen Leuten steigt ein. Die alte Dame drei Sitze weiter sieht nicht gerade erfreut aus, steht auf und setzt sich neben sie.

„Darf ich neben Ihnen sitzen?"

„Aber natürlich!" Martina lächelt sie freundlich an. Der armen Dame ist es anscheinend unheimlich mit so vielen Jugendlichen, aber Martina reicht ein Blick, um festzustellen, dass sie absolut harmlos[2] sind. Als Lehrerin kann sie Unruhestifter[3] eindeutig erkennen. Die Gruppe redet laut und sie kann nicht vermeiden zuzuhören. Das Gesprächsthema ist allerdings kein bisschen erfreulich. Ausgerechnet jetzt, wo sie sich entspannt hat.

---

1   **schmunzeln –** *mit geschlossenen Lippen lächeln, weil man etwas amüsant findet*
2   **harmlos –** *ungefährlich*
3   **der/die Unruhestifter/-in –** *Person, die Ärger verursacht*

„Er hat schon wieder jemanden umgebracht! Am vergangenen Freitag. Die Leiche hat man am Samstag gefunden."

„Ja, das ist krank, Mann. Wie viele sind es bisher?"

„Sechs, denke ich."

„Nein, ich glaub, wir sind schon bei sieben."

„Das Verrückte ist, dass die Polizei überhaupt keinen Plan[1] hat. Sie sagt zwar immer, dass sie einer Spur folgt, aber sie glaubt es selber nicht."

„Nein, verrückt ist, wie er tötet. Der ist irgendwie gestört[2]. Er benutzt etwas Schmales und Spitzes und sticht wieder und wieder auf die Opfer ein[3] und lässt sie dann einfach verbluten."

„Ja, aber komisch[4] ist auch, dass niemand versucht hat, sich zu wehren."

„Woher willst du das wissen?"

„Stand in der Zeitung. Die Polizei hat in der Pressekonferenz gesagt, dass es bei keinem der Opfer Kampfspuren gegeben hat. Sie haben sich einfach niederstechen lassen."

Die anderen Fahrgäste hören offensichtlich auch zu – genau wie sie widerwillig[5]. Martina hat keine Lust mehr, an das Ganze zu denken. Es reicht ihr, jeden Morgen davon zu lesen. Sie schaltet ihren MP3-Player ein, steckt die Kopfhörer in die Ohren und macht die Augen zu. Sie konzentriert sich auf die Vorstellung des indonesischen Essens vorm Fernseher und denkt an ihr großes, weiches Bett. Bei der nächsten Station nimmt sie trotz der Musik wahr, wie die Jugendlichen aussteigen. Sie versucht jetzt, das bewusste Entspannen zu üben, aber so lange ist sie bei dem Meditationskurs an der VHS noch nicht dabei und sie kann kaum verhindern, dass die Entspannung in den Schlaf übergeht. Sie schläft ein und hat einen unruhigen Traum, in dem sie seltsame Männer anstarren

---

1 **keinen Plan haben (ugs.)** – *keine Ahnung haben*
2 **gestört (ugs.)** – *nicht normal*
3 **einstechen (auf + Akk.)** – *mit einem Messer verletzen*
4 **komisch (ugs.)** – *seltsam, merkwürdig*
5 **widerwillig** – *ungern; gegen den eigenen Willen*

und sie in den Ellbogen kneifen[1]. Sie schreckt aus ihrem Traum hoch und merkt, dass der Schmerz am Ellbogen real ist. Sie reißt sich die Kopfhörer aus den Ohren heraus und schaut gleichzeitig genervt und irritiert[2] zu ihrem Ellbogen.

„Es tut mir leid." Martina sieht, wie die Dame ihre Stofftasche wieder gerade auf ihren Schoß[3] stellt. „Hab ich Sie geweckt? Das war bestimmt etwas in meiner Tasche, ich habe mein ganzes Haus hier drinnen …"

„Kein Problem", sagt Martina lächelnd.

„Ich wollte nicht stören, schlafen Sie ruhig weiter."

„Es macht wirklich nichts, eigentlich wollte ich gar nicht schlafen."

Martina will gerade ihre Kopfhörer wieder in die Ohren stecken. Als sie dann den Blick hebt, erwischt[4] sie den seltsamen Typen dabei, wie er sie anschaut. Er schaut auch nicht sofort wieder weg, sondern lässt sich ein paar Sekunden Zeit. Ihr läuft ein Schauer über den Rücken[5]. Jetzt ist es vorbei mit der Entspannung. Sie steigert sich so sehr in ihre Angst hinein[6], dass ihr übel wird. Sie schaut weg und nach einigen Sekunden schaut sie wieder zu ihm hinüber. Er starrt sie wieder an. Sie versucht nachzudenken. Es sind noch etliche Leute im Wagen, das junge Pärchen und die Geschäftsleute. Und die nächste Haltestelle ist schon die Lipschitzallee, ihre Station. Du musst schnell laufen, denkt sie sich. Und aufpassen. Sie räumt den MP3-Player in ihre Tasche.

„Ist das Ihre Haltestelle?"

Martina fühlt sich nicht gut und nickt nur mit dem Kopf.

„Schön. Sie können nun bald schlafen gehen."

---

1   **kneifen** – *die Haut schmerzhaft zwischen zwei Fingern zusammendrücken*
2   **irritiert** – *verwirrt*
3   **der Schoß** – *die Fläche, die Oberschenkel und Unterleib beim Sitzen bilden*
4   **erwischen** (ugs.) – *bei etwas Verbotenem überraschen*
5   **ein Schauer über den Rücken laufen** (mir läuft ein Schauer über den Rücken) – *ein plötzliches unangenehmes Gefühl haben*
6   **sich hineinsteigern** (in + Akk.) – *ein Gefühl immer stärker werden lassen*

Martina versucht zu lächeln, aber die Übelkeit macht sich jetzt deutlicher bemerkbar[1].

„Geht es Ihnen nicht gut? Sie sehen ein bisschen blass aus."

„Danke, ja. Ich bin nur müde."

Sie stellt sich vor die Waggontür und denkt, dass sie sofort wieder einsteigen wird, falls der Typ mit ihr aussteigt. Sie dreht sich noch einmal zu ihm, aber er sitzt mit geschlossenen Augen da. Sie macht die Tür auf und geht schnell hinaus. Sie schaut nach rechts und links zu den anderen Türen und sieht, dass sonst keiner aussteigt. Gut, denkt sie. Jetzt nur noch zügig nach Hause laufen. Sie fühlt sich schwach und geht Richtung Aufzug. Während sie auf den Aufzug wartet, wird ihr schwindelig[2] und sie lehnt sich an die Wand an. Sie steigt ein und als sie O für oben drückt, sieht sie die alte Dame rasch um die Ecke biegen und mit einsteigen. Sie hat keine Energie, um das zu kommentieren, jetzt dreht sich alles ziemlich stark. Als sie ihren Kopf dann nach unten hängen lässt, bemerkt sie einen Tropfen Blut an ihrem Ellbogen.

„Was …?"

„Es ist alles in Ordnung, gleich wird es Ihnen endlich gut gehen. Ich habe Ihnen bloß ein bisschen Medizin gegeben, um Ihnen zu helfen."

Martina will fragen, wovon die Alte überhaupt redet, aber ihre Beine halten sie nicht mehr und sie geht auf dem dreckigen Aufzugboden in die Knie.

„Hilfe …", kann sie noch leise über die Lippen bringen.

Die alte Dame lächelt. Aber jetzt sieht sie nicht mehr freundlich aus wie vorhin in der Bahn. Ihr Lächeln ist steif und Martina bekommt Angst.

„Aber ich helfe Ihnen. Sie armes Ding, so erschöpft. Sie können so nicht leben, das ist unmenschlich. Jetzt bin ich da, Sie brauchen sich keine Sorgen zu machen."

---

1   **sich bemerkbar machen** – *auf sich aufmerksam machen*
2   **schwindelig werden (mir wird schwindelig)** – *das Gefühl bekommen, dass sich alles im Kreis dreht*

Die alte Dame nimmt eine lange Stricknadel[1] aus ihrer Tasche und Martina fallen die Worte der Jugendlichen in der Bahn wieder ein: *Er benutzt etwas Schmales und Spitzes und sticht wieder und wieder auf die Opfer ein und lässt sie dann einfach verbluten.*

Sie will schreien, aber aus ihrem Mund kommt kein Ton mehr.

---

1   **die Stricknadel –** *lange Nadel zum Stricken von Wollpullovern, Schals usw.*

Damaliger Verlauf der Berliner Mauer am Brandenburger Tor

Die **Berliner U-Bahn**, die 1902 ihren Betrieb aufnahm, hat eine vielschichtige Geschichte. Nach der Teilung Berlins in Ost und West wurde auch das U-Bahn-Netz geteilt. 1990 begann man, das Netz wiederzuvereinigen. Hier ein paar kuriose Fakten:

An der Dennewitzstraße fahren die Züge der Hochbahn mitten durch ein Wohnhaus, zwischen dem ersten und dritten Stock. Drumherum sind bewohnte Wohnungen.

Im Sommer bieten die BVG (Berliner Verkehrsbetriebe) spezielle Fahrten mit einem U-Bahn-Cabrio an. Die offenen Wagen fahren mit 35 km/h durch die U-Bahn-Tunnel. Die Rundfahrt dauert zwei Stunden und währenddessen werden von einem Moderator unterhaltsame Geschichten erzählt und Fakten erklärt.

In zwei Bahnhöfen (Südstern und Schillingstraße) ist Obdachlosen das Übernachten erlaubt.

Im Bahnhof Pankstraße ist Platz für mehr als 3.300 Menschen. Die ehemalige Schutzanlage ist mit Sanitäranlagen, einer Küche und einem Luftfilter ausgestattet. Heute können die Räume besichtigt werden.

Oberbaumbrücke, Berlin

6. AM ANDEREN ENDE
DER LEITUNG

„Du hast eine Minute, um mir zu erklären, was zum Teufel du in meinem Haus tust. Wenn mir die Antwort nicht gefällt, werde ich dich erschießen. Alles klar?"

Hanni lag auf dem Boden, das Gewehr der Frau auf sie gerichtet. Sie konnte lügen, aber jetzt, wo sie in diesem versifften[1] Keller ihrem Tod so nahe war, wollte sie die Wahrheit sagen.

„Alles klar. Kann ich mich hinstellen?"

Die Frau, die ziemlich groß und stämmig[2] war, lachte.

„Wenn du dich hinstellst, schieße ich. Wenn du sonst was Dummes machst, schieße ich. Und ich garantiere dir: Deine Chancen, dass ich dich verfehle, stehen nicht gut. Und jetzt raus mit der Sprache[3]!"

Hanni versuchte, aus ihrer unbequemen Stellung heraus zu nicken. Die Geschichte war schnell erzählt.

„Ich arbeite für die Telefongesellschaft. Ich repariere die Leitungen. Ich decke den ganzen Nordwesten ab, von Husum bis hierher. Das für dieses Gebiet zuständige Büro ist auch in Husum. Schau, ich habe eine Visitenkarte."

Sie fasste an die Brusttasche ihrer Arbeitsuniform, aber die Frau schüttelte den Kopf.

„Halte die Hände, wo ich sie sehen kann."

Hanni hörte sofort auf zu suchen. Jetzt wusste sie aber, dass ihr Schraubendreher[4] noch in ihrer Brusttasche steckte. Nicht viel gegen ein Gewehr, aber immerhin etwas.

---

1 **versifft (ugs.)** – *sehr schmutzig*
2 **stämmig** – *kräftig*
3 **Raus mit der Sprache! (ugs.)** – *Rede! Sag, was los ist!*
4 **der Schraubendreher** – *Werkzeug, mit dem man Schrauben festzieht*

„Der Sturm von vor ein paar Tagen hat Schaden an vielen Telefonleitungen verursacht. Die letzten Tage sind mein Kollege und ich überall hingefahren, um sie zu reparieren."

„Dein Kollege? Ist noch jemand in meinem Haus?"

„Nein, er hat sich letzte Nacht die Hand verletzt und ist gleich darauf zurück nach Husum gefahren, um sich behandeln zu lassen. Ich habe heute den ganzen Tag alleine gearbeitet. Vor etwa drei Stunden war ich 20 Kilometer nordöstlich von hier. Dort ist eine Stelle, an der sich mehrere Telefonleitungen treffen und nach dem Sturm war es ein einziges Chaos. Ich habe schon zwei Stunden dran gesessen und es hat angefangen zu dämmern. Ich wusste, dass ich gleich aufhören muss. Ich habe also davor noch geprüft, wie der Zustand des Verteilers ist."

Hanni bewegte sich leicht, so dass sie besser an den Schraubendreher kommen konnte. Sie fragte sich, ob sie mit ihrem linken Bein laufen könnte. Die Frau hatte ihr einen Schlag auf den Hinterkopf verpasst, sie war hingefallen und mit dem linken Knie auf den Boden geprallt[1]. Jetzt war es blutig, sie spürte es. Sie hoffte, dass es nur eine oberflächliche Verletzung war.

„Und weiter?"

„Ich habe den Hörer an die Leitung angeschlossen. Ich wollte prüfen, ob die Verbindung Richtung Husum funktioniert, aber es gab kein Signal. Also habe ich die Leitung ein bisschen hin und her bewegt, und da habe ich es gehört."

„Was gehört?"

„Weißt du es nicht?"

„Woher soll ich es wissen? Spiel keine Spielchen[2] mit mir, ich warne dich."

Hanni schaute die Frau prüfend an. Entweder sagte sie die Wahrheit oder sie war eine gute Lügnerin.

„Ich habe die Stimme eines Jungen gehört."

---

1   **prallen (auf + Akk.)** – heftig gegen etwas stoßen
2   **Spielchen spielen (mit + Dat.)** – sich nicht ehrlich und ernst verhalten

Während sie Hanni ungläubig[1] musterte, wurden die Augen der Frau zu Schlitzen[2].

„Er hat leise gesprochen, als ob er vermeiden wollte, dass ihn jemand hört. Er hat um Hilfe gebeten, er wollte, dass jemand die Polizei ruft. Er hat gesagt, er heißt Magnus und dass er nicht weiß, wo er ist. Dass jemand ihn mitgenommen hatte und dass er zu seiner Mama will. Ich habe versucht, mit ihm zu reden, aber er konnte mich nicht hören."

Hanni hielt an und wartete auf eine Reaktion.

Wenn diese Frau den Jungen hatte, wenn sie die Entführerin war, dann würde sie sie jetzt höchstwahrscheinlich erschießen. Sie wollte jedoch nicht im Liegen erschossen werden.

„Ich werde jetzt aufstehen, aber ich mache keine Dummheiten, also erschieß mich nicht, ok?"

Die Frau sagte nichts, während Hanni mühsam aufstand. Sie machte auch nicht den Eindruck, sie erschießen zu wollen.

„Ich weiß nicht, was für eine Geschichte das ist, aber sie beantwortet keineswegs die Frage, was in aller Welt[3] du in meinem verdammten Keller tust."

„Ich wusste nicht genau, wo der Anruf herkommt. Aber die Richtung konnte ich ermitteln: Er ist von der Küste gekommen, denn die Leitung in die andere Richtung war tot. Ich wusste nicht, was ich machen soll. Ich hätte wahrscheinlich besser die Polizei informieren sollen, aber ich habe es nicht getan. Ich bin einfach ins Auto gestiegen und der Telefonleitung bis zu dieser Straße gefolgt. Ich bin an drei Häusern vorbeigekommen: Sie waren alle leer. Dann habe ich dieses Haus gesehen, es hat Licht gebrannt. Ich habe auf die Karte geschaut, und weißt du was? Das ist das letzte Haus. Ich habe ein offenes Fenster gesehen und bin einfach hineingekrochen[4]."

---

1 **ungläubig** – *skeptisch, ohne jdm. zu glauben*
2 **der Schlitz** – *schmale, längliche Öffnung*
3 **in aller Welt** – *Ausdruck, um ein Fragewort zu verstärken*
4 **hineinkriechen** – *sich auf Händen und Füßen in einen Raum begeben*

Die Frau schien das Gewehr nicht mehr allzu fest zu halten. Hanni dachte, dass das ihre letzte Chance war: Sie musste nach ihrem Schraubendreher greifen, jetzt oder nie. Aber dann sprach die Frau.

„Du bist in mein Haus eingebrochen[1], weil du gedacht hast, dass hier ein Junge ist? Dass ich eine Verbrecherin bin?"

„Genau. Und das ist der Moment, in dem du mich zu Boden geschlagen und mich mit einer Waffe bedroht[2] hast."

Kurz war Stille im Keller. Die Frau sah immer weniger wütend und immer verunsicherter aus.

„Herrgott! Ich glaube, du sagst die Wahrheit."

Sie legte das Gewehr nieder. Hanni spürte, wie ihre Beine weich wurden.

„Du meinst, dass der Junge nicht hier ist?"

„Natürlich nicht, verflixt nochmal! Aber wenn irgendein dreckiger Scheißkerl einen kleinen Jungen irgendwo gefangen hält, müssen wir jetzt sofort die Polizei rufen."

Die Frau nahm ihr Handy aus der Hosentasche und sprach mit der Polizei. Man werde ein Auto vorbeischicken, aber das werde eine Stunde dauern, denn alle Einheiten seien im Einsatz bei einem größeren Unfall. Die Frau legte auf.

„Wir können nicht so lange warten. Wir müssen selber los und versuchen, den Jungen zu finden. Jede Minute könnte entscheidend[3] sein."

Sie drehte sich um und ging durch die Kellertür zur Treppe.

„Wie heißt du?", fragte Hanni, als sie der Frau hinterherging.

„Britta", sagte die Frau und blieb oben vor der Haustür stehen. „Es tut mir wirklich leid, dass ich ein bisschen barsch[4] gewesen bin, aber du hast wie eine Diebin gewirkt."

---

1 **einbrechen (in + Akk.)** – *gewaltsam in ein Haus oder eine Wohnung hineingehen*
2 **bedrohen** – *Angst machen*
3 **entscheidend sein** – *einen großen Einfluss darauf haben, wie es weitergeht*
4 **barsch** – *sehr unfreundlich*

„Das macht nichts. Ich würde auch ein bisschen überreagieren, wenn ich hier in der Pampa[1] wohnen würde."

Britta lief auf den Hof hinaus. Dann drehte sie sich um und schaute Hanni mit einem merkwürdigen Ausdruck an.

„Was hast du vorhin gesagt?"

„Was – wann?"

Britta schaute in Richtung Küste.

„Du hast gesagt, dass der Anruf von der Küste gekommen ist, dass du auf der Karte gesehen hast, dass das hier das letzte Haus ist. Dass die Leitung hier endet."

„Ja, das *ist* das letzte Haus."

„Vielleicht auf der Karte, aber es gibt noch einen Ort, eine alte Kaserne und ich wette[2], dass es dort noch einen Anschluss zur Leitung gibt."

„Wie weit?"

„Zehn Minuten die Hauptstraße runter und dann rechts rein in eine Seitenstraße und nochmal fünf Minuten. Komm, wir nehmen meinen Wagen."

Die Fahrt war schnell und gefährlich. Britta fuhr wie jemand, der weiß, dass etwas Entsetzliches unmittelbar bevorsteht[3].

„Dieser arme Junge", sagte sie immer wieder. „Wenn ihm der Scheißkerl etwas angetan hat, bringe ich ihn um."

Sie erreichten das verlassene Gelände und parkten unweit der Kaserne. Britta machte schnell die Scheinwerfer[4] aus.

„Hast du das auch gesehen? Ich glaube, ich habe ein Licht im oberen Stockwerk gesehen", sagte Britta, ohne die dunklen Fenster aus den Augen zu lassen.

Hanni schaute auch hoch, sah aber nichts.

„Komm", sagte Britta eindringlich. „Wir müssen den Jungen finden. Du gehst vorne rein, ich hinten."

1   **die Pampa (ugs.)** – *ländliche, schwer erreichbare Gegend*
2   **wetten** – *sich ganz sicher sein*
3   **unmittelbar bevorstehen** – *gleich passieren*
4   **der Scheinwerfer** – *vorderes Licht eines Fahrzeugs*

Dann schaute sie zu Hanni.

„Hast du etwas, womit du dich verteidigen kannst, eine Waffe? Der Entführer könnte hier sein."

Ihr Instinkt sagte Hanni, dass sie lügen sollte, aber sie war so durcheinander, dass sie sich einfach für die Wahrheit entschied. Sie nahm den Schraubendreher aus ihrer Brusttasche und zeigte ihn Britta.

„Na gut, ich habe schon Besseres gesehen. Wenn du etwas siehst oder Hilfe brauchst, schrei einfach, und ich komme zu dir."

Die beiden Frauen stiegen leise aus dem Auto aus und Britta verschwand ohne ein weiteres Wort hinter dem Gebäude. Hanni blieb eine Sekunde stehen, allein, die dunkle Kaserne vor ihr, den Schraubendreher in der Hand. Alles war so schnell passiert. Sie hatte Angst. Sollte sie vor Britta Angst haben? Sie hatte wenige Sekunden, um sich zu entscheiden, sie konnte nicht ewig hier stehen. Noch ohne eine richtige Entscheidung getroffen zu haben, machte sie die ersten Schritte Richtung Haupteingang. Die Tür ging leicht auf. Drinnen war es dunkel und still. Der unverwechselbare Geruch von Streichhölzern[1] und Kerzen lag in der Luft. Sie nahm die Taschenlampe aus ihrem Gurt. In einer Ecke sah sie einen Telefonapparat mit abgerissener Schnur[2]. Das war der Ort, sie war sich sicher. Sie leuchtete auf die Treppe und begann hinaufzusteigen. Oben auf der letzten Stufe hörte sie ein sehr schwaches, kaum hörbares Geräusch. Britta hatte ihr gesagt, sie soll schreien, aber das war keine gute Idee, falls der Entführer auch da war. Oder war Britta diejenige, die den Jungen entführt hatte? Könnte es sein, dass sie die Jagd nach dem Entführer nur inszeniert[3] hatte, um sie hierher zu locken[4] und umzubringen? Sie drehte sich nach

---

1   **das Streichholz** – *kleines Stäbchen aus Holz, mit dem man etwas anzündet*
2   **die Schnur** – *Kabel*
3   **inszenieren** – *schauspielerisch darstellen, vortäuschen, vorspielen*
4   **locken** – *versuchen, eine Person mit etwas Interessantem zu einem bestimmten Ort zu bringen*

links und sah eine geschlossene Tür. Es sah so aus, als wäre die Tür neulich benutzt worden. Sie trat hinein: Der Raum war stockdunkel[1], es war fast unmöglich, irgendetwas zu erkennen. Aber dann gewöhnten sich ihre Augen an die Dunkelheit und mitten im Zimmer, leicht beleuchtet durch das Dachfenster, sah sie einen Jungen, der an einen Stuhl gefesselt[2] war. Er begann die Füße zu bewegen und wollte schreien, aber jemand hatte ihm ein Tuch in den Mund gesteckt. Für einen Augenblick war Hanni von der Angst überwältigt[3], aber dann rannte sie zu ihm, befreite ihn von dem Knebel und machte sich an die Seile, die ihn fesselten. Sie war fast fertig, als sie ein Geräusch hinter sich hörte. Sie sah Britta, wie sie mit weit aufgerissenen Augen und dem Gewehr in der Hand in der Tür stand.

„Hilf mir!", schrie Hanni.

Aber Britta betrat das Zimmer nicht. Sie hob das Gewehr und zielte auf sie. Hanni sah etwas Verrücktes in ihren Augen. Dann knallte es. Kurz wusste Hanni nicht, was passiert war. In ihren Ohren hallte noch der Knall des Schusses nach[4]. Aber dann merkte sie, dass Britta neben ihr stand. Sie legte eine Hand auf ihre Schulter und zeigte auf den Mann, der hinter dem Stuhl gestanden hatte. In seiner reglosen Hand hielt er noch ein Messer. Britta nickte und lachte laut, voller Genugtuung[5].

„Ich habe dir doch gesagt, dass ich den Mistkerl erledigen[6] würde!"

---

1 **stockdunkel** – *komplett dunkel*
2 **fesseln** – *eine Person mit Seilen oder Ketten festbinden*
3 **überwältigt (von + Dat.)** – *emotional so stark bewegt, dass man nichts dagegen tun kann*
4 **nachhallen** – *immer leiser weiterklingen*
5 **die Genugtuung** – *Zufriedenheit mit einer erwünschten Entwicklung*
6 **erledigen (ugs.)** – *töten*

Leuchtturm Westerhever, Nordfriesland

Hallig Langeness

Nordfriesland liegt im Norden Schleswig-Holsteins an der Grenze zu Dänemark. Die Region ist Teil eines deutsch-dänischen Wirtschafts- und Kulturraumes, in dem ca. 2,2 Mio. Menschen zu Hause sind. Täglich gehen Tausende Arbeiter über die Grenze nach Norden bzw. Süden, um im Nachbarland zu arbeiten, zu wohnen oder einzukaufen.

Die Wirtschaft Nordfrieslands hat zwei Hauptsäulen: Windenergie und Tourismusindustrie. Für Touristen besonders attraktiv sind Wanderungen zu den Halligen, einer kleinen Inselgruppe, die nordwestlich von Husum im Nationalpark Wattenmeer liegt. Die Halligen erheben sich nur wenige Meter über dem Meeresspiegel und können bei Sturmfluten überschwemmt werden, denn sie sind nicht von Deichen geschützt. Aufgrund der Überschwemmungen verändert sich ihre Form schneller als bei normalen Inseln. Die zwischen sieben und 960 Hektar großen Halligen sind entweder Reste des Festlandes oder von Inseln oder durch den Wechsel von Ebbe und Flut entstanden. Heute existieren nur noch zehn deutsche Halligen, von denen sieben bewohnt sind.

AM ANDEREN ENDE DER LEITUNG

sowie = i tillegg til
sonst = Noe annet, als sonst = enn vanlig.

7. UNTER DER ERDE

Die Wachmänner[1] hatten sie erneut im Traum besucht. In diesem Traum waren ihre Gesichter allerdings anders als sonst: Ihre Augen waren voller Hass und sie wusste, dass sie sich an ihr rächen[2] wollten.

Aber es war nur ein Traum, auch wenn er ihr viel wirklicher als viele andere vorkam. Dieser Traum fühlte sich kalt und hart an. Sie mochte ihn nicht, also beendete sie ihn und machte die Augen auf. Ihr Schlafzimmer war nie komplett dunkel: Vor einigen Jahren hatte sie eine Phobie vor der Dunkelheit entwickelt. Das war von einem Tag auf den anderen passiert. Heute war ihr Zimmer anders als sonst stockdunkel und die Angst ergriff sie. Sie wollte die Lampe auf ihrem Nachttisch anmachen, aber sie stieß mit dem Arm gegen etwas Hartes.

Sie erstarrte[3].

Irritiert versuchte sie sich aufzurichten, aber sie stieß mit dem Kopf gegen eine Decke, die da nicht hätte sein sollen. Sie schrie laut, erschrocken. Sie spürte, wie ihr die Panik vom Bauch bis in den Hals stieg. Ihr Herz begann wild zu klopfen und sie bekam kaum noch Luft. Sie trat mit den Beinen, nur um festzustellen, dass sie keinen Platz hatten.

Langsam formte sich in ihrem Kopf das Bild des Ortes, an dem sie war. Das Bild eines kleinen, an allen Seiten geschlossenen Raums, fast so breit und lang wie ein Mensch.

Das Bild eines Sarges.

---

1   **der Wachmann** – *Mann, der einen Ort schützt und bewacht*
2   **sich rächen (an + Dat.)** – *einer Person, die einem geschadet hat, ebenfalls Schaden zufügen*
3   **erstarren** – *sich plötzlich nicht mehr bewegen*

Der Klang, der ihr aus der Kehle kam, war entsetzlich. Er war nicht menschlich, sondern glich dem Schrei eines sterbenden Tiers. Er klang wie das Grauen[1] selbst.

„Hilfe!" Ihre Stimme erfüllte den winzigen Raum. „Das ist ein Irrtum[2]! Holen Sie mich hier raus! Holen Sie mich bitte raus!"

Nachdem sie einige Minuten geschrien, getreten und gegen die Wände des Sarges geklopft hatte, wurde sie still. Sie hörte auf zu weinen und atmete tief ein: Sie musste klar denken.

Das erste, was sie tat, war, ihre Kleidung zu prüfen. Sie hatte immer noch dasselbe Kostüm an, das sie getragen hatte, als sie das Restaurant verlassen hatte. Das Restaurant. War das das letzte, woran sie sich erinnerte? Sie wusste noch, wie sie den Schillerweg hochgelaufen war. Was war also passiert? Ein Unfall? Nein, es hatte keinen Unfall gegeben: Ihre Stirn, die sie sich vorhin am Deckel des Sarges wund geschlagen hatte, war die einzige Stelle, die ihr wehtat. Wie spät war es? Ihre Armbanduhr hatte leuchtende Zeiger. Wenn sie nur … Aber noch bevor sie ihren Arm bewegte, wusste sie, dass die Uhr nicht an ihrem Platz war. Fünfzehn Jahre hatte sie die Uhr so gut wie nie abgelegt. Die Tatsache, dass sie sie jetzt nicht an ihrem Handgelenk fühlte, ließ sie ihren Mut wieder verlieren.

„Verdammt, Marion, reiß dich zusammen! Du wirst schon hier rauskommen. Du musst nur nachdenken. Denk nach!"

Also, die Uhr war nicht da. Das konnte nur eins bedeuten: Dass sie jemand in den Sarg hineinlegt hatte, obwohl er oder sie wusste, dass sie noch lebte. Ihr Herz begann wieder zu rasen, aber jetzt war es Wut, die es antrieb.

„Sie Feigling[3]!", schrie sie.

Und ihr Handy? Wenn ihr die Uhr weggenommen worden war, war es das Handy bestimmt auch. Sie tastete nach der Tasche ihres Blazers. Sie war wie erwartet leer.

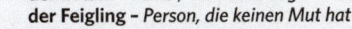

1 **das Grauen –** *großer Schrecken*
2 **der Irrtum –** *Fehler, Verwechslung*
3 **der Feigling –** *Person, die keinen Mut hat*

sich an+D ~~rächen~~ rächen   jdn verurteilen
~~rächen~~ rachen

Also war sie allein.

Ihre Familie würde nie erfahren, was ihr zugestoßen war, auch wenn sie sicherlich einen Verdacht haben würde. Das war die Angst aller Richterfamilien: Dass sich ein Verbrecher an dem Menschen rächen könnte, der ihn verurteilt hatte.

„Richterin Harzer?", sagte eine ruhige, leise Stimme. „Können Sie mich hören?"

Sie schreckte zusammen[1]. Die Stimme hatte einen besonderen Klang, sie konnte aber nicht sagen, was es genau war. Sie war ihr jedenfalls sehr nah.

„Wer ist da? Wo sind Sie?"

„Richterin Harzer, wenn Sie mich hören können, nehmen Sie bitte das Walkie-Talkie. Können Sie es finden? Es müsste neben Ihrem rechten Bein liegen."

Sie suchte hastig[2] mit ihrer rechten Hand und fand tatsächlich ein Walkie-Talkie. Sie tastete nach den großen Knöpfen.

„Drücken Sie den linken Knopf, wenn Sie sprechen wollen."

Richterin Harzer nahm sich einen Moment Zeit. Sie wollte sich zuerst beruhigen und die Angst und Zerbrechlichkeit[3] ihrer Stimme loswerden. Als sie den Knopf drückte, sprach nicht die verängstigte Frau, sondern die selbstbewusste Richterin. Die Richterin, die über mehr Fälle als all ihre Kollegen am Gerichtshof geurteilt hatte. Die Richterin, die für ihre strengen Urteilssprüche[4] bekannt war. Urteilen vs Verurteilen.

„Hören Sie mir zu. Hören Sie genau zu. Ich weiß nicht, wer Sie sind oder aus welchem Grund Sie handeln. Ich weiß nur, dass Sie einen schwerwiegenden[5] Fehler begehen. Denken Sie wirklich, dass man Sie nicht kriegen wird? Ich bin Richterin. Jemand wird jetzt schon nach mir suchen. Wenn Sie die Polizei

---

1 **zusammenschrecken** – vor Angst eine kurze und schnelle Bewegung machen
2 **hastig** – *sehr eilig und aufgeregt*
3 **die Zerbrechlichkeit** – *Schwäche, Zartheit*
4 **der Urteilsspruch** – *Entscheidung eines Richters am Ende eines Prozesses*
5 **schwerwiegend** – *mit ernsthaften Folgen*

informieren, werde ich dafür sorgen, dass man mit Ihnen nachsichtig[1] umgeht. Wenn Sie dies nicht tun, werden Sie es bereuen."

Es gab eine lange Stille. Dann sprach die ruhige Stimme wieder.

„Sie mögen die Dunkelheit nicht so gern, nicht wahr, Richterin Harzer? Sie mögen keine dunklen, engen Räume."

Es war grausam, von ihren Phobien von diesem Mann zu hören, aber sie durfte keine Schwächen zeigen.

„Was wollen Sie? Geld? Ich habe Geld, aber Ihre einzige Möglichkeit, daran zu kommen, ist, mich freizulassen. Sie mögen meine Geldtasche haben, aber ich werde Ihnen meine PIN nie verraten."

„9784", sagte die Stimme unaufgeregt. „Ich kenne all Ihre Geheimnisse, Richterin Harzer. Alle. Ich weiß, wo Sie die Zigaretten verstecken, die Sie angeblich[2] nicht rauchen. Ich weiß sogar, wieso Sie sich so sehr vor dem Dunkeln fürchten[3], aber ich möchte, dass Sie es selber sagen."

Ihr gefror das Blut in den Adern[4]. Der Mann wollte sie leiden sehen. Sie würde nie lebend aus diesem Sarg kommen. Sie würde nie wieder das Tageslicht erblicken.

„Bitte glauben Sie mir. Sie müssen mir glauben. Ich bin ein guter Mensch. Ich wollte durch meinen Beruf immer nur der Gesellschaft dienen. Wenn ich Sie oder ein Mitglied Ihrer Familie zu einer Haftstrafe verurteilt habe, war das im Namen des Gesetzes."

Stille.

„Ja, Sie sind für viele ein Vorbild, das stimmt. Aber Sie haben sich nicht immer gut verhalten. Nur die letzten fünfzehn Jahre. Davor jedoch …"

For det derimot.

---

1   **nachsichtig** – geduldig und verständnisvoll
2   **angeblich** – so, wie behauptet wird
3   **sich fürchten (vor + Dat.)** – Angst haben
4   **das Blut in den Adern gefrieren (mir gefriert das Blut in den Adern)** – sich vor Angst nicht mehr bewegen können, sehr große Angst haben

„Wieso tun Sie mir das an?"

„Richterin Harzer", sagte der Mann über das Walkie-Talkie.

Sie konnte sich plötzlich daran erinnern, diese Stimme am Abend gehört zu haben, als sie am Eingang einer kleinen Gasse vorbeilief. Sie hatte sich umgedreht und das Gesicht eines älteren Mannes gesehen. Dann hatte er ihr etwas gegen den Hals gepresst. Danach nur Dunkelheit.

„Sie haben mich narkotisiert!"

„Das stimmt. Ihretwegen habe ich alles über Drogen gelernt. Ich habe alles über Sie in Erfahrung gebracht[1]. Ich habe Sie beobachtet. Ich bin Ihnen gefolgt. Fast fünfzehn Jahre habe ich mich mit Ihrem Leben auseinandergesetzt[2]. Ich hätte Sie hundertmal umbringen können. Ich bin Sie geworden. Ich bin zu Ihrem Richter geworden. Und das hier ist mein Urteil."

„Wer sind Sie?", schrie sie. Sie klopfte gegen die Wände des Sargs und spürte, wie Erde durch die Ritzen[3] des Holzkastens auf sie hinunterfiel. Sie schmeckte sie in ihrem Mund und begriff, wie ernst die Situation war und dass es keinen Ausweg gab.

„Oder vielleicht bin ich eher ein Wächter."

Jeden Tag während der letzten fünfzehn Jahre hatte sie an die Wachmänner gedacht. Jeden Tag war sie an ihnen vorbeigefahren und hatte weggeschaut.

„Nein, bitte, nicht das."

„Oh doch, genau das. Vor fünfzehn Jahren, genau genommen am 02. Mai 2002, haben Sie das Restaurant verlassen, in dem Sie gegessen hatten. Sie waren stark angetrunken. Aber Sie sind trotzdem selber gefahren. Während Sie die Prager Straße entlang gefahren sind, haben Sie die Kontrolle über Ihr Fahrzeug verloren, sind über die Straßenbahnschienen geflogen und auf

---

[1] **in Erfahrung bringen** – *anhand von Recherchen herausfinden*
[2] **sich auseinandersetzen (mit + Dat.)** – *sich intensiv mit etwas beschäftigen*
[3] **die Ritze** – *kleine Öffnung zwischen Holzbrettern*

der Gegenfahrbahn[1] gelandet. Leider ist Ihnen dort ein Auto entgegengefahren, das Ihrem Auto nicht ausweichen konnte. Die Fahrerin war auf der Stelle[2] tot. Sie konnten nicht aus Ihrem Fahrzeug heraus und mussten von der Feuerwehr herausgeholt werden. Ich bin nicht sicher, ob Sie sie sehen konnten: Die Totenwachen des Völkerschlachtdenkmals. Konnten Sie sie sehen, während Sie im Auto geschrien und Gott um Gnade[3] gebeten haben? Das kann ich nicht wissen. Ich weiß nur, dass die Familie der Verstorbenen Gerechtigkeit forderte, aber keine bekam. Sie ließen ihre Beziehungen spielen[4]: Nirgends in den Akten steht, dass sie alkoholisiert waren. Sie haben nie gestanden, dass es Ihre Schuld war. Die andere Fahrerin musste mit ihrem Leben bezahlen, aber Sie wurden nie bestraft."

Richterin Harzer lag im Sarg und hörte zu. Dieser Mann sprach ihre Schuldgefühle aus. Sie war überwältigt von der Erinnerung an den Unfall, die jetzt mit voller Wucht[5] wieder hochkam. Sie begann zu heulen, zuerst leise, dann immer verzweifelter.

„Es tut mir leid! Das stimmt, ich trage die Verantwortung für den Unfall und für den Tod dieser armen jungen Frau. Ich habe sie getötet! Seit fünfzehn Jahren denke ich jeden Tag an sie. Aber bitte, lassen Sie mich nicht sterben! Ich habe seitdem stets versucht, das Richtige zu tun, ein besserer Mensch zu werden."

Sie hörte ein Seufzen. Der Mann holte Luft und redete dann ein letztes Mal.

„Das ist alles, was ich von Ihnen hören wollte. Seit dem Tag, an dem Sie meine Tochter umgebracht haben."

Sie hatte es verdient, sie wusste es. Sie war nicht mehr wütend. Es war nur gerecht, dass es so endete.

---

1   **die Gegenfahrbahn** – *Fahrbahn für den Verkehr, der entgegenkommt*
2   **auf der Stelle** – *sofort*
3   **die Gnade** – *Vergebung*
4   **seine Beziehungen spielen lassen** – *Kontakte zu wichtigen Personen für den eigenen Vorteil nutzen*
5   **mit voller Wucht** – *wie ein kräftiger Schlag*

Dann hörte sie aber ein Geräusch, das nicht aus dem Walkie-Talkie kam, sondern von irgendwo über dem Holzkasten. Das Holz knarrte leicht und sie presste die Hände gegen den Deckel, aus Angst, zerquetscht[1] zu werden. Sie lag eine Weile so, dann fing sie an, mit all ihrer Kraft gegen den Deckel zu drücken und zu hauen. Irgendwann gab er nach. Sie sah einen klaren Himmel. Sie setzte sich auf. Es war früher Morgen, die Stadt war noch menschenleer. Sie stand vorsichtig auf, unsicher auf den Beinen. Sie stieg aus dem Sarg und sah, dass er nur mit wenig Erde bedeckt gewesen war. Der schwere Stein, der vermutlich darauf gelegen hatte, war entfernt worden und lag auf der Seite.

Dann schaute sie auf und zum ersten Mal nach so langer Zeit hatte sie nicht den Eindruck, dass die steinernen Wachen des Völkerschlachtdenkmals ihr einen Vorwurf machten. Sie trauerten um ihre und um alle Gefallenen[2]. Für die Ewigkeit[3].

---

1   **zerquetschen** – *zerdrücken*
2   **der/die Gefallene** – *Soldat/Soldatin, der/die im Krieg gestorben ist*
3   **für die Ewigkeit** – *für immer*

Völkerschlachtdenkmal, Leipzig

1813 fand in der Nähe der Stadt Leipzig die sogenannte Völkerschlacht statt. Auf der einen Seite kämpfte Napoleon, auf der anderen Österreich, Preußen, Russland und Schweden. Deutsche kämpften auf beiden Seiten. In dem Kampf starben 120.000 Soldaten. Die Idee eines **Völkerschlachtdenkmals** für die Gefallenen entstand schon 1814. Die Bauarbeiten fingen 1898 an und wurden 1913 abgeschlossen. Das Denkmal besteht zu 90 % aus Beton. Die vier 9,5 Meter hohen Statuen der Totenwächter in der Haupthalle stellen die Tugenden des deutschen Volkes in den Befreiungskriegen dar: Tapferkeit, Glaubensstärke, Volkskraft, Opferbereitschaft. Die Krypta stellt das symbolische Grab der Gefallenen dar.

UNTER DER ERDE

8. DER TRICK

Dieter liebte Dresden im Sommer. Die Stadt war ein Traum für einen Mann mit seinem Beruf, und die Arbeit, die er in letzter Zeit geleistet hatte, machte ihn stolz. Er lehnte sich in seinem Stuhl auf der Café-Terrasse zurück[1] und beobachtete die Touristen, die an ihm vorbeischlenderten[2], die Gesichter nach links oder nach rechts oder nach oben gerichtet. Manchmal sah er Dinge, die ihn schmunzeln ließen. Dinge, die Sie oder ich gar nicht lustig finden würden, wie beispielsweise eine offene Handtasche mit einem deutlich sichtbaren Portemonnaie. Sie und ich würden diese Details vermutlich nicht einmal bemerken. Ihm bereiteten sie aber sehr große Freude.

Dieter war ein unscheinbarer Mann: Er war mittelgroß, hatte eine schlanke Figur – aber keine allzu sportliche – eine normale braune Haarfarbe und kein besonders markantes[3] Gesicht. Mit einem Wort war er unauffällig, was für ihn durchaus vom Vorteil war.

Die Bedienung kam in diesem Moment auf die Terrasse heraus und er gab ihr das Zeichen für die Rechnung. Nach ein paar Minuten war sie bei ihm.

„Sie hatten eine Apfelschorle, richtig?"

„Ja, genau, ich hatte eine große Apfelsaftschorle."

Sie legte den Kassenbeleg auf den Tisch. Dieter lächelte und gab ihr einen 5-Euro-Schein.

„Danke. Es stimmt so."

---

1   **sich zurücklehnen** – *den Oberkörper beim Sitzen nach hinten bewegen*
2   **vorbeischlendern (an + Dat.)** – *langsam zu einem Ort spazieren gehen, dort nicht stehenbleiben, sondern weitergehen*
3   **markant** – *auffällig*

„Vielen Dank und Ihnen einen schönen Tag noch."

Sie ging, aber Dieter rief ihr hinterher.

„Entschuldigung? Könnten Sie mir vielleicht einen 20-Euro-Schein wechseln? Ich brauche Kleingeld für den Bus."

„Aber sicher. Hier ein Zehner, ein Fünfer und fünf Euromünzen."

„Ach Mensch, ich hatte doch noch ein bisschen was, jetzt habe ich zu viel Münzgeld … Könnten Sie mir diese Münzen zurückwechseln?

„Kein Problem, hier haben Sie Ihren Zehner, bitteschön."

„Er nahm den Schein und tat so, als würde er ihn in seine Geldbörse einstecken.

„Und hier sind Ihre Münzen", sagte er mit einem falschen Lächeln. „Stimmt das?"

„Hm, mal sehen. Es fehlt ein Euro, schauen Sie." Sie zeigte ihm die Münzen.

„Oh je, mit dem Euro komme ich immer durcheinander, Verzeihung. Ok, also den 20-Euro-Schein würde ich zurücknehmen. Sie haben schon neun Euro, also gebe ich Ihnen einen Zehner und noch einen Euro dazu und dann sind wir quitt[1]."

Die Bedienung lächelte, aber sie schaute jetzt etwas verwirrt aus.

„Alles klar."

„Super, vielen Dank. Ihnen auch einen schönen Tag", sagte er, stand auf und ging.

Dieter lächelte zufrieden: Er hatte gerade zehn Euro gemacht – abzüglich[2] der Schorle. Ihm tat es um die Bedienung nicht leid: Jeder muss für sich sorgen. Wenn man sich betrügen[3] lässt, darf man auch betrogen werden, das war sein Motto. Weiter unten auf derselben Straße war ein weiteres Café. Auf der Terrasse, an einem Tisch direkt neben dem Bürgersteig,

---

1   **quitt sein** – *sich gegenseitig nichts mehr schulden*
2   **abzüglich** – *minus eines Geldbetrags für eine bestimmte Sache*
3   **betrügen** – *bewusst täuschen*

saßen zwei Frauen um die Fünfzig und plauderten¹ entspannt. Eine von Ihnen hatte ihren Geldbeutel auf dem Tisch liegen. Während er auf die beiden zulief, nahm er seinen Stadtplan aus der Jeanstasche.

„Guten Tag, könnten Sie mir kurz helfen?", sagte er mit einem leichten französischen Akzent. Die zwei Frauen schauten zu ihm auf mit offensichtlichem Interesse.

„Wo müssen Sie denn hin?"

„Ich suche die Weiße Gasse, die hier", und er legte die Karte auf den Tisch, um den beiden Damen die Straße zu zeigen.

„Das ist einfach: Es ist die erste Querstraße links, da, wo der Kiosk steht, sehen Sie?"

„Ausgezeichnet, vielen Dank, die Damen!"

Sie sahen ihm lächelnd nach und merkten dabei nicht, dass der Geldbeutel nicht mehr auf dem Tisch lag.

Dieter fühlte sich leicht, fast glücklich, als er die Elbe überquerte. So eine herrliche Stadt mit so vielen Arbeitsmöglichkeiten. Und das Wetter machte heute auch mit. Er lief durch die Neustadt und kam dann irgendwann im Alaunpark an. Er suchte im Geldbeutel und nahm zwei 50-Euro-Scheine raus. Das war erfreulich, aber diese kleinen Tricks waren für ihn nur ein Zeitvertreib², denn gleich würde die eigentliche Arbeit anfangen, sobald seine Assistentin angekommen ist. Er ging zu der Parkbank, bei der sie sich verabredet hatten, und setzte sich hin. Er schaute auf die Uhr: Er war fünf Minuten zu früh. Unweit von ihm spielte eine junge Dame Geige und einige Leute hatten angehalten, um ihr kleines Konzert zu hören. Ein Typ hatte sein Sakko über der Schulter hängen und Dieter konnte seinen Geldbeutel sehen. Nicht allzu einfach, aber keineswegs unmöglich. Er näherte sich, um ein paar Münzen in den Hut zu werfen. Niemand merkte, dass er sich, statt Geld hineinzuwerfen, etwas herausnahm. Dann drehte er sich um,

---

1   **plaudern** – *sich entspannt unterhalten, ohne etwas Ernstes zu sagen*
2   **der Zeitvertreib** – *Tätigkeit, damit man sich nicht langweilt*

nahm die Zeitung unter seinem Arm hervor und faltete sie auf. Er schien den Mann mit dem Sakko nicht zu sehen und lief in ihn hinein. Er entschuldigte sich und lief dann weiter, den Geldbeutel in der Zeitung versteckt. Er setzte sich wieder auf die Bank und steckte seine Beute in eine der vielen Taschen seines Anzugs. In diesem Moment sah er Lea, seine neue Assistentin, kommen.

„Tag, Dieter."

„Tag, Lea, du bist zu spät."

„Eigentlich nicht, er kommt erst in zehn Minuten."

„Ja, aber wir müssen den Plan nochmal durchgehen. Ich will, dass dir alles klar ist."

„Aber der Plan hat sich seit dem letzten Mal nicht geändert."

Der Plan war derselbe, aber diesmal war es keine Generalprobe mehr, sondern die Uraufführung[1]. Mit den anderen beiden Typen hatten sie nur geübt. Sie hatten nebenbei auch was verdient, ja, aber heute Abend könnten sie richtig viel Geld machen.

„Und meinst du, dass er dich küssen wird? Er muss immerhin vorsichtig sein."

„Darauf kannst du Gift nehmen[2]. Ich habe ihm gesagt, dass ich mich nicht mehr in irgendeinem Hotelzimmer treffen will. Dass er mich in der Stadt treffen soll, wenn ihm was an mir liegt[3]. Also gehe ich davon aus, dass er mit seinen Haaren etwas machen wird. Vielleicht wird er einen Hut aufsetzen oder eine Brille."

„Ok. Aber du musst dafür sorgen, dass sein Gesicht gut sichtbar ist, wenn ihr euch küsst."

„Alles klar."

---

1   **die Uraufführung –** *das erste Mal, dass ein Theaterstück oder ein anderes künstlerisches Werk vor Publikum gezeigt wird*

2   **Darauf kannst du Gift nehmen! (ugs.) –** *das ist ganz bestimmt so, du kannst absolut sicher sein*

3   **liegen (mir liegt etwas / nichts an + Dat.) –** *eine Person oder Sache ist für jemanden wichtig / unwichtig*

DER TRICK

„Bist du sicher, dass er wirklich 5.000 pro Tag abheben[1] kann?"

„Ich war vorgestern dabei. Ich meine, der Typ ist wirklich reich."

„Wenn du es sagst. Noch etwas: Wenn's so weit ist, nehme ich ihn mit zum Geldautomaten und wir treffen uns dann wieder hier. Bitte nicht vergessen: Wenn irgendwas ist, kennen wir uns nicht."

„Klar, ich kenne dich nicht."

„Ich mein's ernst: Wenn die Polizei herausfindet, dass wir zusammenarbeiten, haben wir ein Problem."

„Ich weiß."

Dieter nickte, sie schien alles verstanden zu haben. Sie war sehr hübsch in ihrem Sommerkleid und mit ihren glänzenden Haaren. Der Typ tat ihm fast ein bisschen leid, er hatte keine Chance. Er ging ins Gebüsch[2] hinter der Bank und schaltete die Kamera ein, die die ganze Zeit um seinem Hals gehangen hatte. Fünf Minuten lang beobachtete er die Gegend. Dann fiel ihm ein Typ auf, der auf Lea zulief. Er trug einen feinen Anzug und eine Sonnenbrille und schaute auf den Boden. Er setzte sich neben Lea und nach einem kurzen Moment begannen sie zu reden. Nach einer Weile nahm er ihre Hand und rückte näher[3] zu ihr. Dieter sah, wie Lea ihm die Sonnenbrille abnahm. Ja, das war Herr Brandt, der Geschäftsführer der Brandt AG. Lea lächelte sanft und warf ihm die Arme um den Hals. Ein paar Sekunden lang tat Herr Brandt nichts, aber dann konnte er ihr nicht widerstehen und küsste sie. Dieter machte einige Fotos von der Szene und kam dann aus seinem Versteck heraus.

„Was … Was tun Sie denn da?", schrie Brandt.

„Tut mir leid, Herr Brandt, aber ich habe von ihr den Auftrag bekommen."

---

1   **abheben** – *Geld vom Bankkonto nehmen*
2   **das Gebüsch** – *niedrige Pflanzen mit vielen Ästen, die dicht nebeneinander stehen*
3   **näher rücken** – *räumlich näher zu einer Person kommen*

Brandt schaute zu Lea. „Was? Wieso denn?"

„Nicht von ihr, Herr Brandt, von Ihrer Frau."

„Das kann nicht sein!"

„Ich bin Privatdetektiv. Ich sollte Ihnen folgen und Fotos von Beschäftigungen dieser Art machen."

Brandts Gesicht wurde ganz blass.

„Sie will mich ruinieren!"

„Du Scheißtyp, du hattest mir gesagt, dass du geschieden bist!"

Lea stand auf, warf ihm einen entsetzten[1] Blick zu und ging mit entschlossenem Schritt Richtung Parkausgang.

„Tut mir leid, Kumpel, aber das ist mein Job", sagte Dieter.

„Wie viel zahlt sie Ihnen?"

Dieter zögerte.

„Ganz egal wie viel, ich kann Ihnen doppelt so viel geben."

„Doppelt so viel? Also Frau Brandt sagte, sie würde mir für ein paar gute Fotos 3.000 geben."

„Kein Problem. Sie bekommen von mir 6.000, wenn Sie die Fotos vernichten."

„Ich weiß nicht … Kann ich denn das Geld sofort haben?"

„Jetzt kann ich Ihnen fünf anbieten."

„Eben sagten Sie sechs."

„Also gut, mal schauen. Ich habe … knapp tausend in meinem Geldbeutel. Für die anderen 5.000 muss ich aber zur Bank."

„Ich komme mit", sagte Dieter und hatte dabei seine Schwierigkeiten, ernst zu bleiben.

Als die beiden vor dem Geldautomaten standen, begann Brandt, hektisch nach seiner EC-Karte zu suchen.

„Scheiße, ich habe meine Karte verloren!"

„Was?"

„Sie steckt nicht im Geldbeutel. Nehmen Sie die tausend mit, ich werde Ihnen den Rest zukommen lassen."

---

1 **entsetzt** - *sehr erschrocken, schockiert*

Dieter nahm das Angebot an, er hatte keine andere Wahl. Er wusste natürlich, dass er den Rest nie sehen würde. Brandt und seine Frau brauchten nur in Ruhe zu reden, um alles zu klären.

Allein und entmutigt[1] lief Dieter zurück Richtung Park, um sich mit Lea zu treffen. Ein aller Voraussicht nach[2] perfekter Arbeitstag nur deswegen ruiniert, weil der Depp[3] seine Karte verloren hatte.

Moment. Verloren?

Es fiel ihm wieder ein, wie Lea ihre Arme um ihn geworfen hatte. Und sie hatte selber gesagt, dass sie zusammen waren, als er Geld abgehoben hatte. Kannte sie seine PIN? Dieter begann, einen Verdacht zu haben. In diesem Augenblick sah er Lea. Sie stand neben der Bank, ungefähr hundert Meter von ihm entfernt. Und er sah auch den Polizisten, der sie am Arm hielt. Dann sah Lea ihn auch und zeigte mit dem Finger auf ihn. Der Polizist schaute zu ihm herüber. Da beschloss Dieter, sich so schnell wie möglich vom Acker zu machen[4].

„Ist das der Herr, haben Sie gesagt? Wieso rennt er weg?", fragte der Polizist Lea.

„Ja, das ist der Herr, der mich gegen diese Typen in Schutz genommen hat[5]. Ich weiß auch nicht, wieso er es so eilig hat. Danke, jetzt geht's wieder. Bis zur nächsten Arztpraxis kann ich gehen", sagte sie.

Sie dachte an die 5.000 Euro, die sie gerade abgehoben hatte, und lächelte zufrieden. Schade nur um ihren neuen Assistenten: Er war bisher der netteste gewesen.

---

1   **entmutigt** – *ohne Mut, energielos*
2   **aller Voraussicht nach** – *sehr wahrscheinlich; so, wie man es sich vorher gedacht hatte*
3   **der Depp (ugs.)** – *Dummkopf, Idiot*
4   **sich vom Acker machen (ugs.)** – *weggehen, verschwinden*
5   **in Schutz nehmen (gegen + Akk.)** – *verteidigen, helfen*

Dresden, Frauenkirche

Im Zweiten Weltkrieg wurde neben vielen anderen Städten auch **Dresden** stark bombardiert. Die Bomberangriffe fanden im Februar 1945 statt. 1946 wurde der „Große Aufbauplan" für die Stadt angekündigt und 1949 begann man, die Trümmer[1] aus der Innenstadt zu räumen. Sowohl in der DDR als auch in der Bundesrepublik Deutschland wurden zu diesem Zweck Zwangsarbeiter[2] und Angehörige des besiegten NS-Regimes eingesetzt. Die Männer und Frauen, die an dieser Aktion teilnahmen, vollendeten nur einen kleinen Teil der gesamten Räumung: Die meiste Arbeit wurde von Baufirmen oder den Alliierten erledigt, die über Maschinen verfügten. In der Nachkriegszeit wurde dann aber die Arbeit der sogenannten Trümmerfrauen – in den Mittelpunkt gestellt und als Symbol für die Tapferkeit und den Patriotismus der deutschen Bevölkerung angesehen. Viele Bilder, die in dieser Zeit entstanden und die Frauen beim Wegräumen der Trümmer zeigen, waren allerdings gestellt[3] oder wurden mit Schauspielerinnen gemacht.

1   **die Trümmer (Pl.)** – *Reste oder Bruchstücke von etwas, was zerstört wurde*
2   **der/die Zwangsarbeiter/-in** – *Person, die unfreiwillig unter schlechten Bedingungen schwere körperliche Arbeit leisten muss*
3   **gestellt** – *nicht echt, nicht spontan*

DER TRICK

9. DIE MITBEWOHNERIN

In Jena ist die Mitbewohnersuche eine ziemlich unkomplizierte Angelegenheit[1]. Man schaltet eine Anzeige auf einem der vielen Portale und, bis man einen Kaffee gekocht und zurück an den Schreibtisch gekommen ist, sind schon zehn E-Mails eingegangen. Die Kunst ist, aus den wenigen Zeilen dieser enthusiastischen Nachrichten einen realitätsnahen Eindruck von den Bewerbern zu gewinnen. Alle werben für sich, manche machen es offensichtlicher und manche dezenter. Um die passende Person auszusuchen, sind gute Menschenkenntnisse unverzichtbar[2]. Denn diese Person wird den Schlüssel zur eigenen Wohnung haben und ein paar Meter entfernt von einem selbst schlafen und auf Toilette gehen. Das nächste Mal, wenn Sie auf der Straße gehen, schauen Sie genau hin und stellen Sie sich vor, wie viele Leute so nah aneinander leben, Leute, die einst Wildfremde[3] waren und von einem Tag auf den anderen angefangen haben, die intimsten Dinge miteinander zu teilen.

Zoé habe ich allerdings auf ganz andere Art kennengelernt. Es war ein verregneter Sonntagnachmittag. Meine Haare waren klatschnass[4], als ich das Café Wagner betrat.

Karim wartete schon auf mich. Er begrüßte mich mit einem ironischen Kommentar über meine Haarfrisur. Ich bedankte mich und er antwortete sarkastisch, „dafür sind Freunde doch da." Freunde.

1   **die Angelegenheit** – *Sache*
2   **unverzichtbar** – *etwas, worauf man nicht verzichten kann; notwendig*
3   **der/die Wildfremde** – *Person, die man gar nicht kennt*
4   **klatschnass** – *komplett nass*

Ja, Karim und ich waren Freunde.

Hat es eine Zeit gegeben, als ich mehr von ihm wollte?

Ja.

Aber das ist schon lange her. Außerdem habe ich immer gewusst, dass ich nicht sein Typ bin. Er steht auf[1] raffinierte, gut ausgebildete und künstlerische Frauen. Ich bin nur seine reizlose[2] Freundin Emma.

Aber das ist nicht von Bedeutung, denn dies ist keine Geschichte über mich und Karim, sondern über Zoé, die junge Frau, die ich an jenem Sonntagnachmittag im Café kennenlernte.

„Also?", fragte mich Karim. „Wann hast du vor, nach einer neuen Mitbewohnerin zu suchen? Helene ist schon vor zwei Monaten ausgezogen, oder? Oder sind es sogar drei? Brauchst du die Kohle nicht?"

Ich setzte meine Tasse ab. Er hatte recht und ich hatte keine große Lust auf dieses Gespräch.

„Ich weiß. Aber ich hasse die Suche. Und ich wohne so gerne allein. Ich kann mir überhaupt nicht vorstellen, mir jemanden Neues in die Wohnung zu holen. Es kann so viel schiefgehen[3]."

„Helene war doch ganz nett."

„Ich glaube, du meinst, dass sie heiß war. Heiß, ja, nett war sie nicht. Sie war eklig. Sie hat nie geputzt."

„Gut, aber gut aussehen konnte sie."

„Genau. Das reicht dir für eine Mitbewohnerin aus, mir aber nicht."

Karim ging zur Toilette.

„Verzeihung?"

Die höfliche Stimme, die meine Gedanken unterbrach, gehörte einer schüchternen jungen Frau, die am Tisch neben

---

1 **stehen (auf + Akk.) (ugs.)** – *eine Person oder Sache gut finden, besonders mögen*
2 **reizlos** – *unattraktiv, langweilig*
3 **schiefgehen (ugs.)** – *nicht das Ergebnis haben, das man wünscht; misslingen*

unserem saß. Ich hatte sie bis zu diesem Moment nicht bemerkt. Sie entschuldigte sich dafür, dass sie unser Gespräch mitgehört hatte und erwähnte[1], dass sie selber auf Wohnungssuche war. Wir unterhielten uns eine Weile. Sie war schwarz gekleidet und trug eine sehr dezente, jedoch wunderschöne Halskette aus Holzstücken und kleinen Steinen. Ihre kurzen dunklen Haare waren perfekt geschnitten und passten sehr gut zu ihrem Gesicht.

Karim kam zurück und irgendwann sah ich, wie er der Frau in die Augen schaute. Er schien ziemlich begeistert von ihr zu sein, es war offensichtlich. Wie ich bereits sagte, ist es lange her, dass ich mir Hoffnungen machte. Ein Teil von mir fühlte jedoch einen Hauch[2] Eifersucht[3].

Auch wenn ich mich über Karims Begeisterung für sie nicht so richtig freute, wusste ich, dass Zoé meine neue Mitbewohnerin werden würde. Sie hatte einen sehr netten und zurückhaltenden Eindruck gemacht, was ich an Mitbewohnern sehr zu schätzen weiß[4].

Sie zog am folgenden Freitag ein, am Abend. Ich hatte uns eine Flasche Sekt besorgt. Als ich ihr vorschlug, zusammen anzustoßen, sagte sie, dass sie am nächsten Tag leider sehr früh aufstehen musste. Also ließ ich sie in Ruhe auspacken und stellte ein wenig enttäuscht den Sekt in den Kühlschrank zurück. Am Samstagabend sahen wir uns wieder und ich fragte sie, ob sie nicht Lust hätte, mit mir ins Wagner zu einem Konzert zu gehen. Ich dachte, es wäre eine nette Idee und außerdem war ich gespannt[5] darauf, sie ein bisschen näher kennenzulernen.

„Es tut mir leid, Emma, aber ich muss morgen arbeiten. Ehrlich gesagt, arbeite ich sehr viel. In der Galerie ist derzeit viel

---

1 **erwähnen** – *kurz von etwas sprechen*
2 **ein Hauch** – *eine geringe, kaum spürbare Menge; ein wenig*
3 **die Eifersucht** – *ein negatives Gefühl, z. B. die Angst, den Partner zu verlieren*
4 **zu schätzen wissen** – *den Wert von etwas erkennen*
5 **gespannt (auf + Akk.)** – *voller Erwartung und Vorfreude*

zu tun und ich fürchte[1], dass wir uns die kommenden Wochen nicht so oft sehen werden."

Am Montag ging ich wieder zur Arbeit. Bald vergaß ich, dass ich eine neue Mitbewohnerin hatte.

„Wann gehen wir mal alle drei etwas trinken?", fragte mich Karim eines Abends am Telefon.

„Ich weiß nicht. Ich sehe sie nie."

Es ist seltsam, mit jemandem zusammen zu wohnen und dem Menschen nie zu begegnen. Außerdem hinterließ Zoé kaum Spuren: Sie ließ nie Krümel[2] auf dem Tisch oder einen Teller in der Spüle liegen. Sie war mit ihren Haaren sehr sorgfältig[3] und ich sah nie welche in der Dusche oder auf dem Boden. Sie ließ die Klotür nie anders angelehnt[4] als ich es tat. Sie war wie ein Geist. Manchmal hörte ich sie am frühen Morgen duschen, dann auf Zehenspitzen[5] in ihr Zimmer zurückgehen, und kurz darauf ging die Wohnungstür auf und gleich wieder zu. Manchmal hörte ich Stimmen in ihrem Zimmer, vor allem nachts. Eine Männerstimme? Vielleicht sogar eine vertraute Männerstimme?

Eines Nachts wachte ich auf und hatte den Eindruck, gerade einen Schrei gehört zu haben. Ich versuchte, mich mit dem Gedanken zu beruhigen, dass es bestimmt nur ein Traum gewesen war. So sicher war ich mir allerdings nicht.

So ging es fünf Wochen weiter. In dieser Zeit sah ich sie kein einziges Mal. Langsam wurde es mir unheimlich[6].

Bis ich die Leiche sah und beinahe vor Angst starb.

Es war zwei Uhr morgens. Ich lag im Bett und las, denn ich konnte nicht schlafen. Am Abend hatte ich mich mit Karim getroffen und wir hatten viel Kaffee getrunken, aber ich weiß

---

1   **fürchten** – *leider glauben; etwas Unangenehmes erwarten*
2   **der Krümel** – *ein sehr kleines Stück (z.B. von Brot, Kuchen oder Tabak)*
3   **sorgfältig** – *ordentlich*
4   **anlehnen** – *nicht ganz zumachen (z.B. eine Tür oder ein Fenster)*
5   **auf Zehenspitzen** – *leise und vorsichtig, um nicht gehört zu werden*
6   **unheimlich** – *so, dass etwas einem Angst macht*

nicht, ob ich deswegen so unruhig war. Er hatte mir alles über seine neue Flamme erzählt, eine Spanierin, die in Jena ihr Auslandssemester machte. Ich wollte nett sein, aber mir wollte zu seiner Situation nicht so viel einfallen. Als ich hörte, wie der Schlüssel ins Schloss gesteckt wurde, machte ich sofort das Licht aus. Ich kann nicht sagen, warum. Vielleicht deswegen, weil sich Zoé sonst verpflichtet gefühlt hätte, Hallo zu sagen, und ich gerade keine Lust auf Unterhaltung hatte. Meine Tür war angelehnt, also wusste ich, dass Zoé mich nicht sehen konnte. Und da sah ich es. Sie lief langsam rückwärts und schleifte¹ etwas auf dem Boden. Es war eine riesige Plastiktüte. Und aus der Tüte schaute etwas heraus, das einem Knochen unglaublich ähnlich sah. Ich war zuerst wie gelähmt². Ich wusste nicht, ob ich mich in Gefahr befand. Ich überlegte, ob ich die Wohnung verlassen sollte. Dann blieb ich doch sitzen und irgendwann schlief ich ein. Am nächsten Morgen war ich keineswegs beruhigt. Ich holte ein Messer aus der Küche, sperrte mich im Bad ein³ und rief Karim an. Ich sprach leise in den Hörer.

„Es war eine Leiche, glaub mir!"

„Das kannst du unmöglich wissen! Du hast dich bestimmt geirrt, Emma. In letzter Zeit hast du dich ein bisschen merkwürdig verhalten, wenn ich ehrlich sein darf."

„Ja, wegen ihr! Karim, du musst mir glauben, ich …"

Ein Geräusch kam aus dem Flur. Ich nahm den Hörer vom Ohr und hörte genau hin. Zoé stand kurz im Flur, dann ging sie, wie immer sehr leise.

„Ok. Sie hat gerade die Wohnung verlassen. Wo bist du?"

„Ich bin gleich da."

„Alles klar. Dann bleib bitte unten und ruf sofort an, wenn sie wiederkommt. Ich muss sehen, was sie in ihrem Zimmer versteckt."

---

1 **schleifen** – *mit Mühe auf dem Boden irgendwohin ziehen*
2 **gelähmt** – *unfähig, sich zu bewegen*
3 **sich einsperren (in + Dat./Akk.)** – *sich einschließen*

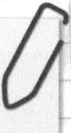

„Warte, ich weiß nicht mal, wie sie aussieht."

„Klar weißt du, wie sie aussieht!"

Ich legte auf. Ich musste schnell sein. Ich brauchte meinen ganzen Mut, um die Badezimmertür aufzuschließen. Ich machte sie vorsichtig auf, das Messer in der Hand. Alles war still. Ich stand einige Momente vor Zoés Tür. Da konnte ich auch nichts hören. Ich rief nach ihr.

„Zoé?"

Keine Antwort. Ich war so aufgeregt, dass meine Hände zitterten[1]. Die Tür war nicht abgeschlossen. Ich trat hinein und stand mitten in einem vollkommen unspektakulären Zimmer. Der Vorhang bewegte sich leicht im Wind – das Fenster war gekippt[2]. Es hingen ein paar Bilder ihrer Familie an der Wand. Auf dem Nachttisch lag ein Buch, ein Roman, den ich auch gelesen hatte. Im Regal standen zwei kleine Skulpturen, vielleicht hatte sie sie selber gemacht. Hatte ich mich getäuscht? Ich ging zum Kleiderschrank und hielt kurz inne[3], bevor ich ihn aufmachte. Da war die Tüte wieder. Sie hing an der Kleiderstange wie ein Anzug. Drinnen konnte ich die weißen Knochen sehen, die mich in der Nacht so erschreckt hatten.

„Emma."

Ich schrie auf. Zoé stand direkt hinter mir.

„Zoé, was ist das hier?" Meine Stimme zitterte außer Kontrolle.

Sie schaute mir in die Augen, ernst, wütend.

„Emma, das ist nicht in Ordnung. Ich will nicht, dass du in mein Zimmer reingehst."

Sie blieb einige Sekunden still, dann redete sie weiter.

„Das Skelett[4] ist für die Galerie. Es ist mein Modell zum Zeichnen."

---

1 **zittern** – *schnelle, unkontrollierte Bewegungen machen (z.B. aus Angst oder Nervosität)*
2 **das Fenster kippen** – *das Fenster nur an der oberen Kante öffnen*
3 **innehalten** – *das, was man tut, kurz unterbrechen*
4 **das Skelett** – *alle Knochen des Körpers eines Menschen oder Tiers*

Sie machte die Tüte auf und der Draht, der die Knochen zusammenhielt, kam zum Vorschein[1].

„Oh Gott. Es tut mir so leid, Zoé. Bitte verzeih mir, ich dachte …"

Sie schaute mich streng an. „Es ist besser, wenn du jetzt gehst."

Ich ging aus dem Zimmer und machte die Tür hinter mir zu. Ich blieb kurz da stehen. Ich schämte[2] mich so sehr. Plötzlich spürte ich etwas auf meiner Schulter. Ich drehte mich blitzartig[3] um und hob instinktiv das Messer.

„Emma!", schrie Karim und hüpfte weg von mir.

„Oh, Scheiße, sorry."

„Was willst du denn mit dem Messer?"

„Ich hatte Angst, aber es ist alles in Ordnung. Du hattest recht, ich hatte mich geirrt. Es war nur ein Modell für ihre Zeichnungen." Ich war total durcheinander. „Aber wieso hast du mich nicht gewarnt, als du gesehen hast, dass sie zurückkommt?"

„Ist sie da? Emma, ich habe versucht, es dir zu sagen: Ich kenne sie nicht."

„Natürlich kennst du sie. Wir waren doch zusammen, als …"

„Was? Emma, geht's dir gut? Wir sind uns nie begegnet. Du hast bloß in letzter Zeit ständig über sie geredet."

„Was …?"

Karim ging zu Zoés Tür hinüber und machte sie auf.

„Ich verstehe nicht."

Ich folgte ihm ins Zimmer.

In ein leeres Zimmer.

Es hingen keine Bilder an den Wänden.

---

1 **zum Vorschein kommen** – *sichtbar werden*
2 **sich schämen** – *ein unangenehmes Gefühl haben, weil man z. B. etwas Dummes oder Lächerliches gemacht hat*
3 **blitzartig** – *sehr schnell*

Es lag kein Buch auf dem Nachttisch.

Keine Skulpturen, kein Vorhang.

Ich trat vor den Spiegel. Da wurde es mir langsam klar. Ich schaute auf meine Lippen und sagte ihren Namen. *Zoé*. Im Spiegel sah ich sie lächeln. Sie fasste sich an die Haare und ich sah das Messer, das sie in der Hand hielt.

Das ich in der Hand hielt.

Das wir hielten.

„Schau bitte in den Kleiderschrank, da ist es", sagten wir zu Karim.

Als er sich von uns wegdrehte, näherten wir uns schnell und rammten ihm das Messer in den Rücken.

Zoé war wirklich die perfekte Mitbewohnerin. Die perfekte Freundin für Karim übrigens auch. So perfekt, dass er uns seitdem nie verlassen hat.

Jena, Innenstadt

Jena, Plattenbauten

Jena gehört zu den wenigen Städten in den neuen Bundesländern (damalige DDR), die – bis auf die ersten Jahre nach der Wende – eine wachsende Bevölkerung haben. 1998 lebten in Jena 99.000 Menschen, 2016 sind es rund 107.000. Zum Teil verantwortlich für diese Tendenz ist die wachsende Zahl der Studierenden: Nach Informationen der Friedrich-Schiller-Universität liegt die Zahl 2015/16 bei 18.000 gegenüber 12.000 im Studienjahr 1997/98. Wie in vielen anderen Städten Ostdeutschlands gibt es in Jena ein Begrüßungsgeld (zwischen 100 und 200 Euro) für Studenten, die ihren Wohnsitz nach Jena verlegen. Der Wohnraum wird aber in der Stadt immer knapper und daher auch teurer, wie die Erfahrung eines Campingplatz-Betreibers beweist: Viele Studenten, für die die Preise in der Stadt zu hoch sind, mieten für den Semesteranfang einen Wohnwagen. Nur in den Plattenbauten[1] sind die Mietpreise über die Jahre relativ stabil geblieben.

1   **der Plattenbau** – *hohes Wohnhaus, das mit vorgefertigten Bauteilen aus Beton gebaut wird*

10. DER AUSBRUCH

Hanno saß allein in seiner Zelle der Justizvollzugsanstalt[1] Aachen, als er Stimmen hörte, die sich langsam näherten.

Er war kein junger Mann mehr und seine dunklen Haare waren in den vergangenen sechs Jahren komplett grau geworden. Zu wenig Bewegung, zu wenig Anreize[2]. Er hatte allerdings noch sehr gute Ohren und sein Instinkt hatte ihn noch nie im Stich gelassen[3].

„Hanno?", hallte es ihm entgegen, bevor jemand zu sehen war.

Die Stimme kannte Hanno leider sehr gut. Renato erschien an der Tür, stand kurz da, als ob er eine Begrüßung erwartete und trat dann in die Zelle. Ohne etwas zu fragen, setzte er sich auf das Bett. Der Mann war massiv. Sein Kreuz[4] war doppelt so breit wie Hannos und seine Arme viel muskulöser als die aller anderen in seinem Trakt. Sein rasierter Kopf und sein Hals waren mit schwarzen Flammen voll tätowiert. Das Schlimmste aber war sein kühner[5], leicht wahnsinniger Blick. Renato wartete nur darauf, dass sich jemand mit ihm anlegte[6], um sich zu amüsieren. Im vergangenen Jahr war einer, der sich mit ihm angelegt hatte, gefoltert[7] in den Duschen aufgefunden worden. Er war zwei Tage danach an inneren Verletzungen gestorben. Renato machte vor niemandem Halt, nicht mal vor den Wachen, die sich auch vor ihm fürchteten.

---

1   **die Justizvollzugsanstalt –** *Gefängnis*
2   **der Anreiz –** *etwas Interessantes, das eine Person motiviert*
3   **im Stich lassen –** *einer Person in einer schwierigen Situation nicht helfen*
4   **das Kreuz –** *Teil des Rückens*
5   **kühn –** *so, dass man keine Angst vor Gefahr hat; mutig*
6   **sich anlegen (mit + Dat.) –** *einen Streit provozieren*
7   **foltern –** *einer Person körperliche Schmerzen zufügen, um sie zu etwas zu zwingen*

„Hanno, alter Kumpel, wie geht's?"

Hanno nickte leicht. Er hasste es, wenn der Italiener freundlich zu ihm war. Der Typ war einfach widerwärtig[1].

„Was ist, Renato?"

Er achtete darauf, dass sein Tonfall nicht allzu genervt wirkte. Renato grinste und zeigte dabei seine schneeweißen Zähne, auf die er so stolz war.

„Ich habe gehört, dass du uns bald verlassen wirst."

Hanno blieb unbeeindruckt[2].

„Wenn du meinst, dass vier Jahre schnell rumgehen, dann ja."

„Ich hab' gehört, dass es ein bisschen schneller gehen könnte. Viel schneller sogar. Bring ihn her, Rob!"

Rob war Renatos rechte Hand[3], ein kleiner, hässlicher Typ mit langen Haaren, die er immer offen trug. Er schob einen Mann in die Zelle hinein.

„Lars", sagte Hanno.

„Es tut mir leid, Hanno, sie wollten mir beide Hände zerschmettern[4]. Ich musste ihnen was sagen."

„Er hat schon wieder versucht, beim Pokern zu schummeln[5], und das geht nicht", sagte Renato.

„Das stimmt nicht, Hanno, ich schwör's!"

Hanno achtete nicht auf den jungen Mann und schaute zu Renato.

„Der Bursche hat geschummelt. Und was geht mich das an[6], wenn ich fragen darf?"

„Das geht dich sehr wohl was an, denn er hat uns etwas über dich erzählt."

---

1 **widerwärtig** - *extrem unangenehm, ekelhaft*
2 **unbeeindruckt** - *unbewegt, ohne erkennbare Gefühle*
3 **die rechte Hand** - *der engste und wichtigste Mitarbeiter eines Chefs*
4 **zerschmettern** - *mit Kraft zerstören*
5 **schummeln** - *bei Spielen mit Tricks versuchen, einen Vorteil zu bekommen*
6 **angehen (es geht mich etwas an)** - *betreffen; zuständig sein*

Hanno schaute Lars an. Er war ein großer, schmaler Mann mit einem naiven, jungen Gesicht. Ein guter Mensch und angeblich auch ein guter Dieb, bloß nicht so ein heller[1] Typ. Er war in die falsche Clique geraten und hatte an einem Banküberfall teilgenommen, bei dem jemand umgebracht worden war. Seit zwei Jahren saß er seine Strafe ab[2] und seit zwei Jahren machte ihm Renato die Hölle heiß[3], einfach nur, weil er ihm mit seiner freundlichen Art auf die Nerven ging.

„Hanno, verzeih mir bitte. Du weißt schon, meine Hände …"

„Halt's Maul!", fuhr ihn Renato an[4]. „Rob, schau, ob jemand kommt."

Rob nickte und trat in den Flur hinaus.

„Hanno, du weißt, dass ich dich mag. Aber ich bin ein bisschen sauer auf dich. Ich habe dir schon mal gesagt, dass du mich in deinen Plan einweihen[5] sollst, wenn du einen aushecks[6]. Aber anscheinend willst du ihn für dich behalten. Das finde ich nicht so nett von dir."

„Mann, Lars", sagte Hanno leise.

Renato lächelte zufrieden. „Es stimmt also. Mir hast du aber gesagt, dass es praktisch unmöglich ist."

„Das stimmt ja auch."

„Aber das wird dich nicht davon abhalten, es trotzdem zu versuchen, oder? Aus wie vielen Gefängnissen bist du schon ausgebrochen[7]? Zwei?"

„Drei. Aber sie waren nicht so neu und sicher wie dieses hier."

---

1 **hell (ugs.)** – *klug, intelligent*
2 **absitzen (ugs.)** – *eine Freiheitsstrafe im Gefängnis verbringen*
3 **die Hölle heißmachen (+ Dat.) (ugs.)** – *eine Person stark unter Druck setzen; Angst machen*
4 **anfahren (ugs.)** – *anschreien*
5 **einweihen (in + Akk.)** – *über etwas informieren, das nicht jeder weiß oder wissen darf*
6 **aushecken** – *ausdenken und planen*
7 **ausbrechen (aus + Dat.)** – *sich (oft mit Gewalt) aus einem unangenehmen Ort (z.B. Gefängnis) befreien*

„Ja, ja. Aber dein Zellengenosse hier hat uns verraten, dass du es versuchen willst, neues Gefängnis hin oder her[1]."

Hanno schaute Renato in die Augen.

„Also gut. Es gäbe einen Weg."

Renato schlug sich euphorisch auf den Oberschenkel. „Ich wusste es!"

„Pass auf, Renato …"

„Nein, pass lieber du auf. Rob und ich kommen mit, egal wie der Plan aussieht. Keine Widerrede[2], Hanno, es ist besser für dich."

Hanno überlegte einen Moment. „Von mir aus. Aber ihr müsst meinen Anweisungen haargenau folgen, ansonsten klappt es nicht."

„Sicher. Du bist der Chef, wir machen, was du sagst. Also erzähl. Wann gehen wir?"

„Heute Abend, es muss heute Abend sein."

„Heute Abend? Ich liebe dich, Hanno, wusstest du das? Also?"

„Um aus einem Gefängnis auszubrechen, braucht man fünf Dinge: Gelegenheit, Ablenkung, Abschreckung, Sabotage und einen Ausweg. Die Gelegenheit haben wir heute Nacht: Ein Wachmann geht in den Ruhestand und sie schmeißen[3] eine kleine Abschiedsfeier am anderen Ende des Blocks. Das heißt, dass es weniger Wachpersonal als sonst geben wird."

„Cool."

„Dann arbeitet heute Abend Lars in der Küche. Er wird etwas in Brand setzen. Das ist unsere Ablenkung. Wenn er soweit ist, schnappen[4] wir uns ein Gewehr."

„Das ist unmöglich."

---

1 **hin oder her (nachgestellt) (ugs.)** – *Ausdruck, um zu sagen, dass man trotz einer bestimmten Situation etwas tun will oder muss*

2 **Keine Widerrede!** – *Ausdruck, der verwendet wird, wenn man keine andere Meinung akzeptieren will*

3 **eine Feier schmeißen (ugs.)** – *eine Feier organisieren und veranstalten*

4 **schnappen (ugs.)** – *schnell nehmen und behalten*

„Ich habe den Schlüssel zu einem Waffenschrank im Flur zwischen hier und Block C."

„Du hast den Schlüssel?"

„Der Wachmann, der geht, hat ihn mir für ein kleines Vermögen[1] verkauft. Wenn der Feueralarm losgeht, warte ich in der Nähe der Tür und hoffe, dass mich niemand sieht. Es sind nur fünf Schüsse, aber sie müssten reichen, um uns ein bisschen Zeit zu verschaffen. Das ist unsere Abschreckung."

„Du bist ein Genie! Und dann?"

„Dann die Sabotage. Wenn die Wachen in der Küche ankommen, wird Lars hinausgehen und die Türen versperren. Sie werden zwar nicht so lange brauchen, um da wieder herauszukommen, aber vielleicht lang genug, damit wir den Flur erreichen, der zum Hof führt. Wenn wir draußen sind, klettern wir über den ersten Zaun und stehen erstmal in dem Zwischenkorridor."

„Und weiter? Oben am zweiten Zaun ist Stacheldraht[2] und er ist viel höher als der erste."

Hanno lächelte leicht. „Ausweg. Sagt dir der Name Pascal Payet etwas?"

Renato schüttelte den Kopf.

„2001 ist er aus einem Knast in Frankreich ausgebrochen – mit einem Hubschrauber[3]."

Renato riss die Augen weit auf. „Ein – ein Hubschrauber? Willst du mir sagen, jemand wird im Zwischenkorridor mit einem Hubschrauber landen?"

„Ein alter Kumpel von mir aus der Bundeswehr. Um Punkt halb fünf."

---

1   **ein kleines Vermögen (ugs.)** – *viel Geld*
2   **der Stacheldraht** – *Metalldraht mit kleinen Spitzen, der als Zaun benutzt wird*
3   **der Hubschrauber** – *Helikopter*

Renato schaute auf Hanno und dann auf Lars, der in der Ecke stand und sich verkrampft auf die Hände sah. Er war verblüfft[1]. Dann stieß er ein lautes Gelächter aus.

„Meine Fresse[2], ein Hubschrauber, das glaube ich nicht."

„Ja, einfach war's nicht."

„Was sollen Rob und ich machen?"

„Es ist schon alles durchgeplant: Lars startet das Feuer und ich hole das Gewehr. Wenn ihr mitkommen wollt, kommt in den Flur zum Hof um fünf vor halb fünf. Wenn ihr nicht auf die Sekunde genau da seid, gehen wir ohne euch. Es ist alles genau getaktet."

„Das Gewehr kannst du mir geben und ich verschaffe uns die Zeit, in den Hubschrauber einzusteigen."

„Ja, ok, das passt."

Rob fing an zu pfeifen und sie wussten, dass eine Wache gerade herumging.

„Lars, deine Schicht fängt gleich an, du musst in die Kantine."

Der junge Mann war offensichtlich bedrückt[3].

„Bist du wütend auf mich, Hanno? Ich wollte das wirklich nicht, es ist mir so rausgerutscht."

„Alles gut, geh jetzt, sonst kommst du zu spät."

Lars machte sich auf den Weg. Renato stand auf und wollte auch gehen.

„Renato, warte kurz. Es gibt ein kleines Problem: Der Pilot kann nur drei Leute mitnehmen. Mit mehr als drei ist der Hubschrauber zu schwer."

Renato wurde sofort wütend.

„Rob und ich kommen mit, basta."

„Ich weiß. Aber dann muss Lars hier bleiben."

---

1   **verblüffen** – *überraschen mit etwas, das man nicht erwartet hat*
2   **Meine Fresse! (vulg.)** – *Ausdruck der Überraschung*
3   **bedrückt** – *traurig und besorgt*

Renatos Gesicht entspannte sich. „Alles klar. Wir brauchen den Dummkopf eh nicht. Also, bis später am Eingang des Flurs. Und Hanno: Ich will keine Schwierigkeiten, klar?"

„Ich glaube, es wird alles wie geschmiert laufen[1]."

Der Lärm des Alarms und die Schreie weckten Lars auf. Er lag auf dem Boden seiner Zelle. Er spürte einen starken Schmerz im Nacken und wusste nicht, warum. Alles war nach Plan gelaufen: Er hatte es hingekriegt[2], dass der Brand wie ein Unfall aussah, er hatte die Türen mit zwei Besenstielen versperrt und die Küche verlassen. Zurück in der Zelle hatte er Hanno getroffen, der ihm gesagt hatte, dass alles gut ausgehen würde und dass sie nun los mussten. Er hatte sich zur Tür gewandt.

Und da hatte ihn etwas geschlagen.

Hanno …

Es musste Hanno gewesen sein.

Der Alarm läutete weiter und draußen war ein einziges Chaos.

Hanno hatte ihn also hier zurückgelassen. Jetzt war er auf sich selbst gestellt[3], keiner würde ihn mehr beschützen. Er war allein, denn Hanno war sein einziger Freund gewesen. So dachte er.

„Hanno", flüsterte er verzweifelt vor sich hin.

„Ja?"

Lars drehte den Kopf. Hanno stand am Fenster und schaute hinaus.

„Du bist noch da! Aber was ist mit unserem Plan?"

Hanno war gefesselt[4] von der Szene, die sich draußen abspielte.

„Läuft doch. Ich hab' vorhin Renato am Flureingang getroffen und ihm das Gewehr gegeben. Ich sagte ihm, dass ich

---

1   **wie geschmiert laufen** – *ohne Probleme funktionieren*
2   **hinkriegen (ugs.)** – *erfolgreich schaffen*
3   **auf sich (selbst) gestellt sein** – *es ohne Hilfe schaffen müssen*
4   **fesseln (etwas fesselt jemanden)** – *etwas ist so interessant, dass man sich ganz darauf konzentriert*

zurückmuss, um die Tür zu versperren und dass er und Rob
hinter dem ersten Zaun auf mich warten sollen. Da sind die
beiden jetzt."

Lars stellte sich hin.

„Aber der Hubschrauber … Wir müssen los, sonst ist der
wieder weg!"

Von draußen waren jetzt Schüsse zu hören. Dann Stille. Lars
schaute voller Panik zu Hanno.

„Weißt du, Lars, ich glaube nicht, dass der Hubschrauber
kommen wird." Er stieg langsam zu seinem Bett hoch, legte sich
hin und schlug zufrieden sein Buch auf. Lars ging ans Fenster
und sah die beiden Toten. Und verstand nicht.

Aachen

Jeder Gefangene[1] in Deutschland ist zur Arbeit verpflichtet. Der Arbeitstag beginnt in der Regel um 6.30 Uhr. Normalerweise dauert er neun Stunden. Die Gefangenen erhalten einen Lohn, der im Schnitt etwa zwölf Euro pro Tag beträgt. Mehr als die Hälfte des Lohns wird für die Zeit nach der Entlassung zur Seite gelegt. Über den Rest können die Häftlinge sofort verfügen[2]. Zwischen dem Ende der Arbeit um 15.45 Uhr und dem Beginn des Abendessens um 17.30 Uhr haben die Häftlinge frei. Von 18.30 bis 21.00 Uhr kann man an Freizeitangeboten teilnehmen. In einigen Justizvollzugsanstalten gibt es eine Häftlingsband, ein Knastradio oder eine Zeitung. Die ‚Printe' ist die Zeitung der **Justizvollzugsanstalt Aachen**. Sie erscheint seit Herbst 1997 viermal im Jahr. Der Name Aachener Printe wurde von den Gefangenen selbst in einer Umfrage gewählt. Interessant an dem Namen ist, dass er einerseits auf das Wort „Printmedium" anspielt und sich andererseits auf die berühmten „Aachener Printen" bezieht, eine Gebäckspezialität, ähnlich wie Lebkuchen, die nur in Aachen hergestellt werden darf. Das Wort „Printe" kommt ursprünglich aus dem Lateinischen, Französischen und Niederländischen und beschreibt die Holzmodel, mit der man vor dem Backen Muster auf den Teig drückt.

1   **der Gefangene** – *Person, die im Gefängnis ist, weil sie ein Verbrechen begangen hat*
2   **verfügen (über + Akk.)** – *für die eigenen Zwecke verwenden können*

11. DER ZAUBERER

Es war ein warmer und klarer Maiabend und die Duisburger Hafenpromenade war angenehm belebt. Elif drehte sich um, um nach dem Mann zu sehen, der ihr und ihrem Freund folgte. Einer stillen, dunklen Riesengestalt.

„Muss er wirklich mitkommen?", fragte sie etwas genervt.

Jens Dreyer schaute sie drohend[1] an und sie schlug sofort einen weicheren Ton an.

„Ich mein' nur, ich habe Geburtstag, Liebling. Ich dachte, wir wären heute Abend allein, nur wir zwei."

Jens schüttelte den Kopf. „Ja, du hast Geburtstag. Und was ändert das an der Tatsache, dass ich aufpassen muss? Kannst du mir das erklären? Ich kann mir nicht erlauben, ohne David rumzulaufen, es ist zu gefährlich. Oder meinst du, es macht meinen Kunden was aus, dass du heute Geburtstag hast?"

„Aber wieso sollen sie dir was antun wollen? Du gibst ihnen doch das Geld, das sie brauchen."

Jens lachte laut. Sein Doppelkinn wackelte[2] und das Lachen verformte sein ohnehin hässliches Gesicht in eine Gruselmaske.

„Hast du gehört, David?"

Die Riesengestalt hinter ihnen lächelte.

„Aber das ist doch die Wahrheit! Wenn sie in Not sind, gibst du ihnen Geld."

Jens lachte nochmals. Elif war nicht besonders aufgeweckt[3], dafür aber überdurchschnittlich[4] hübsch.

---

1 **drohen** – *einer Person mit Gesten zeigen, dass man sie bestrafen (z.B. schlagen) wird*
2 **wackeln** – *sich hin und her bewegen*
3 **aufgeweckt** – *klug, intelligent*
4 **überdurchschnittlich** – *mehr als normal*

„Schatz, Elif, ich gebe ihnen kein Geld, ich leihe es ihnen. Wenn sie Geld brauchen, kommen sie zu mir. Ich bin aber nicht der Weihnachtsmann, oder? Also, wenn sie einen Kredit wollen, müssen sie mir eine Garantie¹ geben, dass sie zurückzahlen werden, nicht wahr? Das Ganze ist für mich ziemlich riskant², auch wenn daran niemand denkt. Und wenn sie zurückzahlen, müssen sie auch ein bisschen mehr zurückgeben, oder? Ansonsten würde ich umsonst arbeiten. Verstehst du?"

Elif schaute verwirrt aus. „Aber was passiert, wenn sie das Geld nicht haben?"

Jens wusste nicht, ob sie wirklich so naiv³ war oder nur so tat. Sie kannten sich noch nicht sehr lange.

„Dann statten wir ihnen einen Besuch ab⁴ und helfen ihnen dabei, sich Möglichkeiten einfallen zu lassen, Geld zu finden. Manchmal müssen wir ihr Auto oder etwas anderes beschlagnahmen⁵, ansonsten würde ich alles verlieren. Das machen wir sehr ungern. Manchmal machen wir mit den Leuten was ab⁶. Wenn sie beispielsweise ein Restaurant oder eine Kneipe haben. Hast du mich schon mal für eine Mahlzeit oder einen Drink zahlen sehen? Ich glaube nicht. Und weißt du, wieso? Weil mir die halbe Stadt gehört. Stimmt das, David?"

Die Gestalt hinter ihnen nickte.

„Aber ist das nicht – was ist das Wort dafür – illegal?"

Jens hielt an. „Pass auf, was du sagst, Elif."

„Entschuldige, Schatz, ich wollte nicht respektlos sein."

„Das ist meine Stadt, verstehst du?

Sie liefen eine Weile, ohne zu reden. Die Möwen⁷ machten laute Geräusche, einige flogen einem Lastkahn⁸ hinterher. Auf

---

1	**die Garantie** –	*Versicherung, dass man etwas tun wird*
2	**riskant** –	*gefährlich*
3	**naiv** –	*voller Vertrauen und ohne Gedanken an etwas Böses*
4	**einen Besuch abstatten** –	*besuchen*
5	**beschlagnahmen** –	*in amtlichem Auftrag wegnehmen*
6	**abmachen (mit + Dat.)** –	*vereinbaren, einen Deal machen*
7	**die Möwe** –	*Seevogel*
8	**der Lastkahn** –	*Schiff, mit dem auf Flüssen Waren transportiert werden*

der anderen Seite des Kanals waren mehrere Containerbrücken in Betrieb, die Container auf Schiffe luden oder umlagerten.

„Aber hast du keine Angst vor der Polizei?"

„Die Polizei schert sich einen Scheißdreck[1] um diese Looser[2]. Und abgesehen davon, fürchte ich mich vor nichts."

Elif war einen Moment still, dann lachte sie halblaut und hielt sich eine Hand vor den Mund.

„Was ist so witzig?"

„Nichts, Jens, entschuldige, wirklich nichts."

„Machst du dich über mich lustig?"

„Nein, um Gottes Willen. Nur ... Ich habe gehört, dass es doch etwas gibt, wovor du Angst hast."

„Und das wäre?"

„Jemand hat mir gesagt, du bist nicht gerne in geschlossenen kleinen Räumen, wie zum Beispiel Fahrstühlen."

„Wirklich? Und wer hat dir das erzählt?"

„Einer der Jungs."

Jens schaute zurück zu David, der den Kopf kräftig schüttelte.

„Na, die haben sich getäuscht. Ich hab's dir gesagt, ich habe vor absolut nichts Angst und wer was anderes behauptet, der lügt."

Es stimmte aber: Jens bekam Schweißausbrüche[3], wenn er vor einem Fahrstuhl wartete, und erst recht, wenn er in einem stand. Das war eigentlich sein Geheimnis. Er nahm sich vor herauszufinden, wer von seinen Leuten geplaudert hatte.

„Das ist es", sagte Elif und Jens schaute auf eine Lagerhalle.

„Hier am Hafen? Das ist doch kein Theaterhaus!"

„Sie haben die Lagerhalle gemietet. Es ist eine Gruppe von Künstlern, die immer an alternativen Veranstaltungsorten

DER ZAUBERER

---

1 **sich einen Scheißdreck scheren (um + Akk.) (vulg.)** – *sich überhaupt nicht interessieren*
2 **der Looser (ugs.)** – *Verlierertyp, Versager*
3 **der Schweißausbruch** – *plötzliche Reaktion des Körpers, die einen sehr stark schwitzen lässt*

spielt, damit das Publikum eine einzigartige Erfahrung hat. Das gehört zu ihrem Konzept. In Hamburg haben sie es geschafft, auf einem Schiff zu spielen, stell dir mal vor."

„Da drinnen wird's stinken."

„Aber du hast es versprochen. Du hast gesagt, du würdest überall hin mitkommen, dass ich entscheiden könnte. Diese Zaubershow hat unglaublich gute Kritiken. Du wirst schon Spaß haben, komm, ich habe uns die Karten schon besorgt."

„Also gut."

„Danke, du bist großartig. Aber könnte David hier warten? Wir sind doch da drinnen, da passiert dir nichts. Es ist nicht romantisch, wenn er die ganze Zeit hinter uns hockt."

„Ok, ok, wie du magst. David, bitte bleib hier."

David nickte.

Innerhalb der Lagerhalle war eine Art Zirkuszelt aufgebaut. Sie gingen hinein, die Lichter waren diffus[1] und die meisten Leute saßen schon. Sie nahmen an einem Tisch vor der kleinen Bühne Platz. Eine Bedienung nahm ihre Bestellungen entgegen und war kurz darauf mit zwei Gin Tonic wieder da.

„Ich freue mich so, das wird bestimmt großartig!"

Jens zog die Augenbrauen hoch[2] und schaute auf die Uhr.

„Meine Damen und Herren", fing eine weibliche Stimme über die Lautsprecher an. „Heute Abend werden Sie unterhalten, verblüfft und verwirrt. Dinge, deren Sie sich sicher sind, werden in Frage gestellt und Ihre Welt wird nach heute Abend nicht mehr dieselbe sein. Für all das gibt es nur einen Verantwortlichen. Meine Damen und Herren, begrüßen Sie auf der Bühne den unvergleichlichen[3] und unvergesslichen Magic Bob!"

---

1   **diffus** – *zerstreut in verschiedene Richtungen leuchtend*
2   **die Augenbraue(n) hochziehen** – *Geste, mit der man zeigt, dass man skeptisch ist*
3   **unvergleichlich** – *so ungewöhnlich, dass man es mit nichts vergleichen kann*

Jens zog seine Augenbrauen noch höher. ‚Magic Bob' war kein besonders kreativer Name, ein Image-Berater hätte sicher nicht geschadet.

Auf der Bühne gab es eine kleine Explosion mit Rauch- und Licht-Spezialeffekten, aus der heraus Magic Bob vor sein Publikum trat. Er war ein kleiner, in keiner Weise bemerkenswerter[1] Mann. Er trug einen einfachen schwarzen Anzug und seine schwarzen Haare waren nach hinten gegelt. Etwas jedoch war interessant an ihm: Sein breites, ironisches Lächeln. Er wirkte wie jemand, der etwas weiß, das die anderen nie erfahren werden. Wie eine Katze, die freundlich vor sich hin schnurrt, um dann ihre Krallen auszufahren[2], wenn jemand naiv genug ist, sie zu streicheln.

„Meine Damen und Herren, ich danke Ihnen aus tiefstem Herzen, vielen Dank", sagte er eine halbe Stunde nach dem Beginn der Show. „Ich gebe zu, ich bin nicht der größte Zauberer der Welt. Ein kleines Talent habe ich jedoch. Ich kann Sachen verschwinden lassen." Er lächelte hämisch[3] und schaute ins Publikum. „Wer traut sich, mir seine oder ihre Uhr zu borgen[4]?"

Für die folgende halbe Stunde zeigte Magic Bob eine Reihe an nicht besonders beeindruckenden, aber immerhin sehr gelungenen Tricks. Jens musste zugeben, dass er seine Sache gut konnte. Nach einiger Zeit rief Magic Bob seinen Assistenten auf die Bühne, der eine große Kiste in die Mitte schob. Auf der Holzkiste war das Wort ‚Tea' zu lesen.

„Meine Damen und Herren, das hier ist eine der vielen Kisten, die damals bei der Boston Tea Party ins Wasser geworfen wurden. Das war ein Akt des Widerstands[5] gegen

DER ZAUBERER

---

1 **bemerkenswert** – *auffällig und wert, beachtet zu werden*
2 **die Krallen ausfahren** – *die scharfen und spitzen Nägel zeigen*
3 **hämisch** – *voller Freude darüber, dass einer Person etwas Schlimmes passiert; schadenfroh*
4 **borgen** – *leihen*
5 **der Widerstand** – *Protesthandlung, Kampf gegen die Regierung oder die Autorität*

die damaligen Mächtigen. Meine Vorfahren[1] waren an dieser kleinen Revolution beteiligt. Diese Kiste hat also eine politische Bedeutung, aber nicht nur das. Sie besitzt auch eine magische Kraft: sie kann Menschen verschwinden lassen."

Die Beleuchtung wurde geändert, so dass nur noch die Kiste im Licht stand.

„Meine Damen und Herren, haben wir eine mutige Freiwillige oder einen mutigen Freiwilligen? Jemanden, der keine Angst hat, in diese bedeutungsvolle Kiste hineinzusteigen und kurz zu verschwinden?"

Jens hörte, wie sich Elif auf dem Stuhl neben ihm bewegte.

„Hier!", sagte sie, und der Scheinwerfer wurde auf ihren Tisch gelenkt. „Mein Freund Jens", hörte er sie sagen, „er hat Angst vor nichts!"

Jens drehte sich wütend zu ihr, sie schaute ihn aber strahlend an. Das ganze Publikum wartete.

„Verstehe, Sie haben also vor nichts Angst. Und sagen Sie, glauben Sie an das Übernatürliche?"

Jens betrachtete den Zauberer und sein Lächeln.

„Klar, wieso nicht."

„Wundervoll! Wenn Sie dann so nett wären, mir auf der Bühne Gesellschaft zu leisten."

Jens stand auf und stieg auf die Bühne hoch. Sobald er auf die Kiste blickte, spürte er, wie er anfing zu schwitzen.

„Es dauert bloß ein paar Sekunden", flüsterte ihm Magic Bob unauffällig[2] ins Ohr. Und dann wieder zum Publikum: „Jens, könnten Sie unserem Publikum sagen, ob wir uns bereits kennen?" Währenddessen legte er Jens Handschellen[3] an.

Jens schaute ihn an. „Nein, ich sehe Sie heute zum ersten Mal."

---

1   **der/die Vorfahre/Vorfahrin** – *Person, von der man abstammt und die vor langer Zeit gelebt hat*
2   **unauffällig** – *ohne bemerkt zu werden*
3   **die Handschelle** – *Fessel aus Metall für die Handgelenke*

Magic Bob lächelte zufrieden und fesselte Jens' Arme mit einem Seil. „Und kennen Sie jemanden unter den Zuschauern?"

„Nur meine Freundin Elif."

Magic Bob lächelte und band ihm gekonnt[1] die Beine fest.

„Nur Ihre Freundin Elif, sagen Sie. Sind Sie sich absolut sicher?"

Das Licht wechselte wieder. Diesmal wurde der Saal hell beleuchtet. Die Musik wurde unterbrochen. Jens sah etwas verwirrt ins Publikum. Er sah dreißig stille, todernste Gesichter. Er brauchte einen Moment, um festzustellen, dass er manche Leute tatsächlich kannte. Er schaute genauer hin: Er kannte wirklich jeden einzelnen Zuschauer. Alle waren Kunden von ihm gewesen. Diejenigen, die es nicht geschafft und alles verloren hatten. Die Looser, die ihn über alles hassten. Jens riss den Mund auf, um nach David zu rufen, im selben Moment knebelte ihn jedoch Magic Bob mit einem roten Tuch.

„Meine Damen und Herren, jetzt schauen Sie genau hin. Mein letzter Trick ist auch mein bester: Ich werde diesen widerlichen[2] kleinen Mann samt all Ihren Geldproblemen auf einen Schlag verschwinden lassen. Könnte mich dabei jemand vom Publikum unterstützen, hat jemand Lust? Elif, du vielleicht?"

Elif stand auf. Jens' Panik wurde immer größer. Sie machte einen selbstbewussten Eindruck, den Jens von ihr nicht kannte.

„Elif, kannst du den Deckel bitte zur Seite schieben?"

„Aber gerne", antwortete sie und beugte sich über Jens. „Das ist für meine Familie, du Mistkerl[3]."

Magic Bob schob Jens nach hinten, so dass er in die Kiste hineinfiel. Er hörte das Publikum klatschen und pfeifen und dann wurde der Deckel zugemacht. Die Musik spielte wieder, diesmal lauter.

DER ZAUBERER

---

1 **gekonnt** – *geschickt, mit viel Erfahrung*
2 **widerlich** – *extrem unangenehm, ekelhaft*
3 **der Mistkerl (ugs.)** – *Schimpfwort für einen Mann, auf den man wütend ist*

„Sehr geehrte Damen und Herren, liebes Publikum, ich freue mich, Ihnen mitteilen zu dürfen, dass diese Kiste und ihr Inhalt erst für ein Schiff nach Hamburg und dann für ein zweites nach Südamerika gebucht sind!"

Die Begeisterung war kaum zu übertreffen[1]. Plötzlich jedoch wurde es im Saal still. Alle drehten sich zum Eingang um, wo David stand.

„Wo ist Herr Dreyer?"

Einen Moment lang passierte nichts. Dann sprach ihn Magic Bob an.

„Guten Abend, der Herr. Sagen Sie, glauben Sie an das Übernatürliche?"

---

1   **kaum zu übertreffen sein –** *in der Leistung oder Qualität kaum besser sein können als eine andere Person oder Sache*

Duisburger Binnenhafen

Der **Duisburger Binnenhafen** ist nicht nur für die Stadt, sondern für die gesamte Region von großer wirtschaftlicher Bedeutung. Logistik, Güterumschlag[1] und Lagerhaltung[2] sind die Schwerpunkte des „Duisports". Jährlich werden hier 15.000 Container umgeschlagen. Dieses Volumen[3] wird zum Teil durch das „Drei-Wege-System" ermöglicht, was bedeutet, dass das Hafengelände auf dreifache Weise erreicht werden kann: über Wasser, über die Straße und über die Schiene. Ein Teil des Hafens lag jedoch aufgrund der Krise in der Stahl- und Kohleindustrie jahrzehntelang brach[4]. Dieser Teil wurde in den 90er Jahren umfunktioniert und wurde zu einem Industriedenkmal, dem heutigen Innenhafen. An dieser Stelle werden Sport (z. B. die Drachenboot-Regatta), Kultur und Freizeit verbunden. Hier befinden sich u.a. die Duisburger Synagoge und das Museum Küppersmühle für Moderne Kunst, das in einem ehemaligen Getreidespeicher[5] untergebracht wurde. Um einen Eindruck von der Hafenanlage zu bekommen, eignet sich eine Hafenrundfahrt. Die Tour beginnt am Innenhafen, bringt die Besucher zum Außenhafen und dann in die offenen Gewässer des Rheins.

DER ZAUBERER

1   **der Güterumschlag** – *das Umladen von Waren auf ein anderes Fahrzeug*
2   **die Lagerhaltung** – *Aufbewahrung von Waren in einem Raum oder einer Halle*
3   **das Volumen** – *Gesamtmenge von Waren innerhalb eines bestimmten Zeitraums*
4   **brachliegen** – *ungenutzt bleiben*
5   **der Getreidespeicher** – *Gebäude, in dem man Getreide lagert*

12. WO RAUCH IST

In einem Bürogebäude in der Magdeburger Vorstadt stand eine Frau in einem Hosenanzug. Sie erhob ein Glas mit Whiskey in Richtung eines Gemäldes, das an der Wand hing.

„Auf dich, Dora", sagte sie, bevor sie ihren Whiskey in einem Zug leer trank.

Auf dem Bild war sie selbst abgebildet, Dora Bittenberger, die Geschäftsführerin der ReStruktur AG. Ihre Haare waren voller und ihre Haut straffer als jetzt und in ihren Augen war ein Optimismus zu sehen, von dem in der gegenwärtigen Dora Bittenberger jegliche Spur[1] fehlte. Aber es war auf jeden Fall dieselbe Frau. Dora schenkte sich nach[2] und wandte sich nochmal ihrem Porträt zu. Wie lange war das her gewesen? Zehn Jahre? Zwölf? Damals waren die Umstände noch anders gewesen. Das Unternehmen hatte seinen Sitz in einem Gebäude in der Innenstadt gehabt und nicht auf einem Areal am Stadtrand, auf dem sich Startups und unrentabel gewordene Unternehmen gegenseitig Gesellschaft leisteten. Damals war ihr Unternehmen tonangebend[3] gewesen: Es hatte den anderen der Branche gezeigt, wie man sich als erfolgreiches Beratungsunternehmen entwickelt und was Innovation in der Arbeitsorganisation bedeutet. Dora hatte nie das geringste Problem gehabt, Aufträge nicht zu akzeptieren, bei denen sie sich nicht inspiriert genug fühlte. Sie war damals trotzdem sehr reich gewesen. Es gab Jahre, da wusste sie nur

---

1 **jegliche Spur** – *jedes erkennbare Zeichen*
2 **sich (Dat.) nachschenken** – *sein Glas wieder auffüllen*
3 **tonangebend** – *von großem Einfluss auf andere Menschen*

ungefähr, wie viele Millionen ihr Vermögen[1] umfasste. Und jetzt …

Tat es ihr mehr leid um das verlorene Ansehen[2] oder um die abhandengekommenen[3] Millionen?

Sie lachte.

Selbstverständlich trauerte sie um die Millionen und ausschließlich um die Millionen. Um den Rest scherte sie sich nicht[4]. Sie hätte all den Respekt der Welt für nur ein Zehntel von dem eingetauscht, was sie damals besessen hatte. Für eine Wohnung am See. Sie hätte alles gegeben, um mit dem Konto endlich nicht mehr im Minus zu sein und um nicht dreimal um jeden Kredit bitten zu müssen.

„Du wirst ein kleines Bisschen zurückbekommen", sagte sie. „Es sei denn, du baust Scheiße[5], aber sonst …"

Sie trank ihren Whiskey leer und schaute auf ihre rechte Hand. Sie zitterte deutlich.

„Wenn du dich an den Plan hältst, kann nichts schiefgehen. Die Hauptsache ist, du bewahrst einen kühlen Kopf[6]."

Sie hatte schon die Flasche in der Hand und wollte sich gerade einen dritten Drink einschenken, stellte sie jedoch wieder ab.

„Später. Wenn du zurück im Hotel bist. Da kannst du trinken, bis der Arzt kommt. Aber jetzt …"

Sie nickte sich selbst zu, stellte die Flasche zurück in die Vitrine unter dem Gemälde und das Glas auf ihren Schreibtisch.

Ihr Plan war einfach, aber genial.

Vor sieben Jahren, als es angefangen hatte, jeden Monat schlechter um das Unternehmen zu stehen, hatte sie die Deckungssumme der Versicherung Jahr für Jahr erhöht. Sie

---

1   **das Vermögen** – *gesamter materieller Besitz*
2   **das Ansehen** – *die gute Meinung, die andere Leute von einer Person haben*
3   **abhandenkommen** – *verloren gehen*
4   **sich nicht scheren (um + Akk.) (ugs.)** – *sich überhaupt nicht interessieren*
5   **Scheiße bauen (vulg.)** – *etwas Dummes machen*
6   **einen kühlen Kopf bewahren** – *ruhig bleiben und klar denken*

war eine sehr schlaue Frau und nicht mal ihre Mitarbeiter in der Buchhaltung hatten gemerkt, dass die Umsatzzahlen nicht stimmten, von der Versicherung ganz zu schweigen, die nicht den geringsten Verdacht hatte. Letztes Jahr war sie zum dritten Mal in Folge einen Schritt vor der Insolvenz[1] gewesen. Ihre Reserven[2] hatte sie schon längst in die Firma einfließen lassen. Jemand mit weniger Erfahrung hätte die Ruhe verloren, sobald er die Lage bemerkt hätte. Aber nicht Dora. Dora war ein alter Hase[3] und vor allem ein geduldiger. Sie hatte gewartet, bis die Leute der ReStruktur AG keine Aufmerksamkeit mehr geschenkt hatten. Bis die Geschäfte wieder einigermaßen gut zu laufen schienen.

Sie hatte bis heute Nacht gewartet.

Jetzt war es so weit.

Besorgte sie die Tatsache, dass über zwanzig Leute ihren Job verlieren würden? Nicht im Geringsten[4].

Das war ihr einziger Ausweg. Ein Ausweg, der direkt zu einer Villa am Zürcher See führte, in der sie den Rest des Versicherungsgeldes in Hochprozentiges umsetzen[5] könnte.

Noch stand ihr die Aktion aber bevor. In ein paar Stunden würde sie alles hinter sich haben.

Sie nahm das Glas, das sie benutzt hatte, und ging den dunklen Gang zwischen den Büros hinunter. Draußen war die Nacht klar und der Himmel ließ einen hoffen, dass alles gut ausgehen würde. In so einer Nacht könnte man sich fast glücklich fühlen. Sie ging in die Kaffeeküche, spülte das Glas, trocknete es ab und stellte es zurück in den Schrank. Sie war heute Abend nicht hier gewesen. Wenn die Polizei ihr Alibi prüfen würde, würde sie herausfinden, dass sie mit zwei Freundinnen in einem Hotel in

---

1   **die Insolvenz** – *Unfähigkeit, Rechnungen zu bezahlen*
2   **die Reserve** – *Geld, das man für einen Notfall zurückgelegt hat*
3   **ein alter Hase sein** – *sehr erfahren sein*
4   **nicht im Geringsten** – *gar nicht*
5   **in Hochprozentiges umsetzen** – *für den Kauf von alkoholischen Getränken verwenden*

Berlin eingecheckt war. Die Freundinnen würden bestätigen, dass sie sich alle zusammen im Hotelzimmer betrunken hatten, um die erfolgreiche Scheidung einer der anderen beiden zu feiern. Die zwei Freundinnen hatten über den Preis für ihre Hilfe verhandelt und hatten statt der angebotenen zehn Prozent zwanzig Prozent pro Nase verlangt. Anfangs hatte sie diese Gier[1] ein wenig enttäuscht. Wahre Freunde erkennt man in der Not[2] – oder? Was man allerdings immer vergisst zu erwähnen, ist, dass sie eigentlich immer gut zu erkennen sind. Aber wer will sich schon die traurige Lage der eigenen Freundschaften bewusst machen? Seitdem sie das überlegt hatte, war sie nicht mehr sauer auf die beiden. Sie sollten ihr Geld genießen.

Sie hatte das Hotel um Mitternacht verlassen und war mit einem Mietwagen zurück nach Magdeburg gefahren. In ihrer Firma in Magdeburg angekommen, hatte sie das Auto abgestellt und war einige Minuten drinnen sitzen geblieben. Niemand war zu sehen, weder zu Fuß noch mit dem Auto. Im Wohnhaus direkt gegenüber brannte in nur zwei Wohnungen Licht. Sie stieg aus und ging hinein. Den Feueralarm und die Alarmanlage hatte sie vor zwei Tagen als defekt gemeldet. Es würde keinen Eintrag ihres Besuches geben, keine Zeugen und andererseits ein Alibi in Berlin.

„Das kriegst du schon hin, entspann dich."

Sie ging ins Großraumbüro, in dem tagsüber 20 Leute arbeiteten. 20 Rechner schliefen gerade im Dunkeln. Einer blinkte allerdings in regelmäßigen Abständen. Alles war bereit. Sie würde keine Streichhölzer oder sonst etwas benutzen, das zurückverfolgt[3] werden könnte. Sie hatte alles durchdacht[4].

Sie zog ein Kabel heraus, das zum Rechner ging. Dann stellte sie den vollen Papierkorb neben den Rechner.

---

1 **die Gier (nach + Dat.) –** *großes und unkontrolliertes Verlangen*
2 **die Not –** *schwierige Lage, in der man Hilfe braucht*
3 **zurückverfolgen –** *die Entwicklung einer Sache bis zum Anfang untersuchen*
4 **durchdenken –** *bis ins Detail überlegen*

Das würde der perfekte Unfall werden.

Sie schaute auf die Uhr. Es war Zeit.

Sie nahm das Feuerzeug aus der Hosentasche. Solange sie nur das Kabel anzündete, würde es so aussehen, als hätte der Brand hier begonnen. Sie machte das Feuerzeug an und hielt vorsichtig die Flamme unter das Kabel. Nach ein paar Sekunden gab es ein knisterndes Geräusch. Es hatte Feuer gefangen. Der brennende Gummimantel des Kabels tropfte nach unten, die Flamme erreichte den Papierkorb und nahm dort schnell an Größe zu. Sie stand auf. Als es anfing zu brennen, klatschte sie vor Freude mit den Händen. Sie schaute noch ein paar Minuten zu, wie sich die Flammen vorarbeiteten und das Feuer immer mächtiger wurde. Dann ging sie hinaus und blieb noch einige Sekunden vor dem Gebäude stehen. Das Feuer reichte noch nicht hinaus, aber man konnte es erahnen, so hell war es drinnen geworden. Rauch quoll[1] aus den Fenstern, die Dora einen Spalt geöffnet hatte. Sie drehte sich zufrieden um und wollte gerade zum Auto laufen, als sie ihn sah. Ein alter Mann stand gerade auf dem Balkon seiner Wohnung im Wohnhaus gegenüber. Dora erstarrte, denn der Mann schaute ihr direkt in die Augen. Kurz blieb der Alte auch still. Dann gab er einen lauten und langen Schrei von sich, bestimmt laut genug, um von vielen gehört zu werden.

„Es breeeennt!"

Dora sah, wie der Mann in die Hosentasche nach seinem Handy griff. Sie lief zum Auto und stieg ein. Sie musste schnell handeln.

„Er hat mich gesehen, er hat mein Gesicht gesehen, er erkennt mich sofort wieder!"

Sie war einfach ruiniert. Würde sie im Gefängnis enden? Höchstwahrscheinlich, denn Geld hatte sie keins. Er würde sicherlich gegen sie aussagen[2], wieso hätte er das nicht tun sollen?

---

1 **quellen** – *in großer Menge durch eine enge Öffnung kommen*
2 **aussagen** – *bei der Polizei über etwas berichten, das man beobachtet hat*

Es sei denn[1] …

Ein beunruhigender Gedanke kam ihr plötzlich in den Sinn.

Der Alte würde sie nicht schon am Telefon beschrieben haben. Dass er sie gesehen hatte, würde er bestimmt erst später sagen, wenn ihn die Polizei befragen würde.

Aber was, wenn es kein Später gäbe?

Sie stieg langsam aus, während sie sich das alles noch einmal durch den Kopf gehen[2] ließ. Bis sie unten an der Haustür stand, war sie entschlossen. Die Tür stand offen.

Sie musste jetzt schnell sein. Es war die zweite Wohnung im dritten Stock gewesen. Im Eingangsbereich gab es keine Kameras, da war sie sich sicher. Sie hielt sich trotzdem eine Hand vor das Gesicht und rannte die Treppe hoch. Panik und Verzweiflung trieben sie an. Ihre Beine waren leicht und schnell wie sonst nie. Als sie oben im dritten Stockwerk ankam, schaute sie schnell in den Flur hinein: Niemand war da. Sie ging leise auf die zweite Tür zu.

Das konnte nicht rückgängig[3] gemacht werden, sie vergegenwärtigte[4] es sich noch einmal. Nicht, dass sie im Schockzustand etwas machte, dass sie später bereuen würde. Aber was hatte sie jetzt noch für Chancen?

Sie hob die Hand und klopfte.

„Feuerwehr, machen Sie die Tür auf!" Sie versuchte hörbar, aber nicht allzu laut zu sein.

Nach einigen Momenten machte der alte Mann die Tür auf, er hatte ein breites Lächeln auf seinem faltigen[5] Gesicht.

„Das war jetzt aber schnell, ich habe gerade eben …"

Dora ließ ihn nicht ausreden. Sie trat hinein und legte ihm eine Hand auf den Mund, während sie mit einem Fuß

---

1 **es sei denn –** *außer wenn*
2 **sich (Dat.) etwas durch den Kopf gehen lassen –** *längere Zeit über eine Idee nachdenken und sie prüfen*
3 **rückgängig machen –** *ungeschehen machen, also ob nicht passiert wäre*
4 **sich vergegenwärtigen –** *sich deutlich vorstellen*
5 **faltig –** *mit vielen Linien auf der Haut, die typisch für ältere Menschen sind*

die Wohnungstür zuschlug. Der Mann war zu überrascht, um Widerstand zu leisten, aber als ihm die Situation klar wurde, schaffte er es, sich zu befreien und schlug Dora mit der Faust mitten ins Gesicht. Sie verlor kurz das Gleichgewicht und als der nächste Schlag kam, fiel sie zu Boden. Der Mann bewegte sich vorsichtig rückwärts.

„Was wollen Sie denn, was machen Sie hier? Hilfe!"

Dora konnte die Sirene der Feuerwehrwagen schon hören, aber sie hatte noch genug Zeit. Sie stand wieder auf.

„Sie haben es nicht anders gewollt, Sie alter Blödmann!"

„Bleiben Sie weg, ich warne Sie", sagte der Mann.

„Sonst?"

Dora bewegte sich auf ihn zu, aber der Mann bewegte schnell die Hand, die schon auf der Türklinke lag, und machte die Tür auf. Gleichzeitig rief er: „Max, Angriff! Töte!"

Das Biest[1], das ihr entgegenstürmte, war so schnell, dass sie zuerst nicht wusste, was es war. Sie wurde auf den Boden geworfen und spätestens dann, als seine Eckzähne[2] ihr die Kehle aufrissen, wusste sie, dass es ein Hund war. Er machte sich noch einige Momente über sie her[3], aber dann schrie der Alte ihm einen Befehl zu. Dora spürte, wie das Blut aus ihren Wunden hinauspumpte. Sie fasste sich an die Kehle und, obwohl sie keine Fachfrau in Schwerverletzungen war, war sie sich sofort sicher, dass ihr nicht mehr viel Zeit blieb. Der Gedanke war so merkwürdig. Jetzt? So? Mitten in der Nacht bei einem Fremden zu Hause, den sie selber versucht hatte umzubringen? Würde diese vergilbte[4] Decke ihr letzter Anblick sein? Wo blieb denn das Erhabene[5]? Sie wurde in ihren Gedanken von dem alten Mann unterbrochen.

„Wieso?"

---

1 **das Biest** – *unangenehmes Tier, über das man sich ärgert*
2 **der Eckzahn** – *spitzer vorderer Zahn*
3 **sich hermachen (über + Akk.)** – *heftig angreifen*
4 **vergilbt** – *mit der Zeit gelb verfärbt*
5 **das Erhabene** – *würdevolle, feierliche Gefühle oder Gedanken*

„Sie haben mich vorhin doch gesehen, Sie wussten, dass ich die Büros in Brand gesetzt habe und … ich brauche das Versicherungsgeld. Also jetzt nicht mehr, aber …"

„Ich? Sie gesehen? Sie Trottel[1]. Ich bin stockblind, seit 30 Jahren sehe ich absolut nichts mehr."

Dora hustete und schmeckte Blut in ihrem Mund.

„Sie Lügner … Sie haben doch ‚Brand' geschrien!"

„Ja, meine Nase funktioniert doch noch. Und ich habe Rauch gerochen. Und Sie wissen schon, was man sagt: Wo Rauch ist[2] …"

---

1   **der Trottel –** *dummer, ungeschickter Mensch*
2   **Wo Rauch ist, ist auch Feuer (Sprichwort) –** *alles hat eine Ursache*

Magdeburg, Hundertwasserhaus, Grüne Zitadelle

Magdeburg ist mit seinen 1.200 Jahren eine der ältesten Städte in den östlichen Bundesländern. Das Wahrzeichen der Stadt ist der Dom, der in gotischem Stil gebaut ist. Ein modernes Bauwerk ist hingegen die Grüne Zitadelle, entworfen von dem österreichischen Maler und Architekten Friedensreich Hundertwasser. In dem Bauwerk befinden sich sowohl private Wohnungen als auch Geschäfte, ein Hotel und ein Kindergarten.

Ein weiteres Highlight ist der Elbauenpark, der 1999 auf einem ehemaligen Kasernengelände entstanden ist. Im Park befindet sich unter anderem der Jahrtausendturm, ein einzigartiger Holzbau, in dem 6.000 Jahre Technik- und Wissenschaftsgeschichte ausgestellt sind. Darüber hinaus bietet der Kultur- und Freizeitpark das ganze Jahr über Veranstaltungen: Konzerte auf der Seebühne, Blumenausstellungen, das Schmetterlingshaus sowie Möglichkeiten zum Klettern, Radfahren oder Inlineskaten.

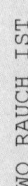

Magdeburg

13. AUF DEM WEG NACH HAUSE

Johanna trat aus dem Universitätsgebäude, streckte sich und grüßte den Hausmeister, der seinen nächtlichen Kontrollgang machte. Sie war wieder bis nach 22 Uhr geblieben, ihre Kollegen vom Institut hatten alle schon längst Feierabend gemacht. Sie hatte aber kaum gemerkt, dass sie über zwölf Stunden gearbeitet hatte, der Tag war wie im Flug vergangen[1]. Das Thema, an dem sie seit einem Jahr forschte, war so spannend, dass sie es kaum erwarten konnte, mehr zu erfahren und weiter darüber zu lesen. Sie sah ihr Spiegelbild in einer Glastür: Ihr Haarschnitt verlieh ihr einen jungen Look, er war nicht zu lang und nicht zu kurz. Ihre Haut war zwar ein bisschen zu blass für die Jahreszeit, sah aber gesund aus. Sie konnte auch nachvollziehen[2], wieso die meisten so begeistert von ihren Augen waren: Sie waren sehr freundlich und ansteckend fröhlich, das musste sie zugeben. Sie war eine sehr attraktive Frau. Diese Erkenntnis[3] ließ sie kurz innehalten. Wenn sie daran dachte, dass sie sich bis Mitte zwanzig im besten Fall fad[4] gefühlt hatte, war die Entwicklung bemerkenswert gewesen. Es waren seitdem zehn Jahre vergangen, aber sie musste über ihre Schönheit immer noch staunen. Allerdings würde sie nicht allzu lange bestehen bleiben, diese Schönheit, wenn sie weiterhin so wenig schlief. Sie überlegte, was sie essen könnte, bevor sie ins Bett ging. Zu Hause hatte sie Fetakäse. Sie könnte noch ein paar Tomaten in der Trinkhalle[5] bei ihr um die Ecke holen. Und vielleicht

---

1 **wie im Flug vergehen** – *schnell vorbeigehen*
2 **nachvollziehen** – *sich denken oder vorstellen, wie etwas gewesen ist*
3 **die Erkenntnis** – *das, was bisher unklar war und man nun verstanden hat*
4 **fad** – *langweilig, unattraktiv*
5 **die Trinkhalle** – *Kiosk*

eine Flasche Rotwein dazu, um ein bisschen zu entspannen. Sie erlaubte sich nicht, täglich Alkohol zu trinken, aber einmal unter der Woche und ein- bis zweimal am Wochenende schien ihr noch im grünen Bereich[1] zu sein. Es war ein milder Juliabend, der Wind wehte leicht und das gute Wetter sollte auch über das Wochenende bleiben, hatte ein Kollege gemeint. Vielleicht würde sie einen Tagesausflug nach Wuppertal machen, eine Freundin hatte sie zum Grillen eingeladen. Sie warf sich ihre Strickjacke über die Schulter und machte sich auf den Weg. Sie ging immer zu Fuß nach Hause, nur auf dem Weg zur Arbeit fuhr sie mit den öffentlichen Verkehrsmitteln. Es war zwar eine relativ lange Strecke – ungefähr fünf Kilometer – aber sie brauchte diese Stunde für sich, um mit der Stadt in Kontakt zu kommen und um ein bisschen Bewegung zu haben. Außerdem fand sie Düsseldorf optisch sehr angenehm. Es gab viele Ecken in der Stadt, die einen heiter stimmen konnten. Ein paar Highlights gab es auch und es fühlte sich gut an, dort zu sein, beispielsweise auf der Treppe am Rheinufer. Auch sonst mochte sie die Stadt: Bereits einige Wochen nach ihrem Ankommen musste sie verwundert[2] feststellen, dass sie schon Freunde hatte. Das war im gehypten[3] Berlin in fast acht Jahren nicht der Fall gewesen.

Im Job war es nicht leicht und sie hatte noch viel Arbeit vor sich, wenn sie eine Juniorprofessur angeboten bekommen wollte, aber sie war ein kluger Kopf, das wusste sie, und sie war einfach unermüdlich[4] und zielstrebiger[5] als alle Leute, die sie kannte. Sie lief durch die Straßen und dachte, dass sie morgen ihren Vater unbedingt anrufen wollte. Sie hatten schon ein paar Wochen nicht mehr telefoniert und ab und zu brauchte sie ihn und seine Weisheit. Sie lief an einer Trattoria vorbei

---

1   **im grünen Bereich –** *in Ordnung*
2   **verwundert –** *erstaunt, überrascht*
3   **gehypt –** *übertrieben positiv dargestellt*
4   **unermüdlich –** *mit großer Geduld; fleißig*
5   **zielstrebig –** *mit dem festen Willen, ein Ziel zu erreichen*

und notierte sich den Namen für später. Das Lokal machte einen netten Eindruck, sie könnte vielleicht Anja einladen? Vor der Trinkhalle standen ein paar Tische und einige Leute saßen da und tranken etwas. Als sie näher kam, hörte ein Mann auf, sich mit seinem Kollegen zu unterhalten. Sie spürte seine Aufmerksamkeit. Sie ging hinein und auf das Weinregal zu. Dann holte sie eine große Fleischtomate. Als sie zahlen wollte, starrte sie der fette Typ an der Kasse an.

„Soll ich Ihnen den Wein aufmachen?"

„Nein, danke, ich nehme ihn mit."

„Allein trinken ist nicht gesund, wussten Sie das?"

„Eigentlich werde ich ihn mit meinem Freund trinken."

„Er muss ein glücklicher Mann sein."

Sie sagte nichts dazu, wartete nicht mal auf das Restgeld. Als sie sich umdrehte, stieß sie mit jemandem zusammen, demselben Typ, der sie vorhin so offensichtlich angestarrt hatte. Er lächelte, sie schaute weg und ging hinaus.

Widerliche Männer, dachte sie. Widerliche wollüstige[1] Männer. Männer, die dachten, es sei in Ordnung, zu einer Frau so zu reden und sie so anzustarren. Von ihrer guten Laune war keine Spur mehr. Jetzt wollte sie nur noch nach Hause gehen. Sie kam in den Park. Manche Straßenlampen waren kaputt und stellenweise war es unheimlich dunkel. Sie fing an, schneller zu laufen. Plötzlich hörte sie ein Geräusch hinter sich. Sie blieb stehen und drehte sich um, sie sah aber niemanden.

„Hallo?"

Keine Reaktion.

Sie lief weiter. Die Straße am anderen Ende des Parks war schon aus der Ferne zu sehen. Wieder hörte sie etwas und wieder drehte sie sich um: niemand. Dann stand plötzlich ein Mann vor ihr. Sie schrie laut vor Schrecken.

„Verzeihen Sie mir, bitte, ich wollte Sie nicht erschrecken."

---

1 **wollüstig** – *mit einem starken Gefühl sexueller Lust*

Sie erkannte den Mann aus der Trinkhalle, der sie beobachtet hatte.

„Was wollen Sie von mir?", fragte Johanna mit Angst in der Stimme.

„Ich denke, Sie haben etwas im Laden vergessen." Er zeigte ihr einen schwarzen Geldbeutel. Es war eindeutig ihrer.

„Oh, ja, stimmt, vielen Dank, war mir noch gar nicht aufgefallen."

Sie machte dennoch keine Anstalten¹, nach dem Portemonnaie zu greifen.

„Alles in Ordnung, ich heiße Bosnjak und bin Polizist. Haben Sie bitte keine Angst, ich wollte Ihnen nur Ihren Geldbeutel zurückgeben und jetzt gehe ich auch sofort wieder."

„Sind Sie wirklich bei der Polizei?"

Er zog seinen Dienstausweis aus der Hosentasche und zeigte ihn ihr. Sie inspizierte ihn genau und lächelte ihm dann zu.

„Es tut mir leid, aber man weiß ja nie …"

„Sie müssen sich nicht rechtfertigen², ich nehme es nicht persönlich."

Sie nickte.

„Gut, also dann vielen Dank … Ich muss jetzt nach Hause."

„Wohnen Sie in der Nähe? Wenn Sie möchten, kann ich sie nach Hause begleiten."

„Das passt schon, danke. Ich wohne hier um die Ecke."

Er nickte, bewegte sich aber nicht.

„Vielleicht sollte ich Sie trotzdem begleiten. Haben Sie von den vermissten Leuten gehört?"

„Was? Nein, was ist passiert?"

„Drei Menschen innerhalb von knapp drei Wochen. Integrierte Menschen mit Familien, Jobs und Freunden. Niemand hat eine Ahnung, wo sie sein könnten. Man weiß

---

1 **keine Anstalten machen (zu + Inf.)** – *nicht den Eindruck machen, etwas tun zu wollen*
2 **sich rechtfertigen** – *das eigene Verhalten begründen und erklären*

auch nicht, ob die drei Fälle zusammenhängen[1]. Also, wenn Sie nichts dagegen haben, wäre es mir lieber, Sie müssen nicht allein laufen."

Sie schaute prüfend zu ihm und lächelte dann vorsichtig.

„Alles klar. Mein Freund würde es auch gut finden."

Sie gingen los. Er schien ein netter Mann zu sein, sehr fürsorglich[2].

„Sie sind nicht von hier, oder?"

„Nein, ich komme aus Hannover. Hört man das?"

„Nein, Sie sehen bloß so aus, als wären Sie neu in der Stadt."

„Stimmt. Ich und mein Freund sind vor drei Monaten hergezogen. Und das ist für mich auch die erste neue Stadt. Ich habe sonst immer in Hannover gelebt. Und Sie?"

„Ich bin in der Gegend aufgewachsen, auf dem Land. Ich wohne aber schon zehn Jahre hier."

Sie redeten über Restaurants und Parks. Sie schienen einen ähnlichen Geschmack zu haben. Sie erreichten Johannas Zuhause, früher als sie es sich gewünscht hätte.

„Vielen Dank, Sie sind sehr nett gewesen, wirklich."

„Nichts zu danken." Er reichte ihr eine Visitenkarte „Hier haben Sie meine Telefonnummer. Ich weiß, dass es hart sein kann, wenn man neu ist. Für den Fall, dass Sie und Ihr Freund Lust haben, etwas trinken zu gehen."

Sie lächelte und fuhr sich mit der Hand durch die Haare.

„Eigentlich bin ich Single ... Jetzt ist es mir ein bisschen peinlich, aber ich fühlte mich sicherer so."

Er lächelte zurück.

„Ich hätte es an Ihrer Stelle nicht anders gemacht, Sie müssen sich nicht schämen. Also, das Angebot steht: Wenn Sie Lust haben, ein bisschen rumgeführt zu werden, rufen Sie gerne an."

„Das ist nett. Ich werde mich mit Sicherheit melden."

---

1   **zusammenhängen** – *miteinander verbunden sein*
2   **fürsorglich** – *liebevoll darum bemüht, dass es einer anderen Person gut geht*

Sie machte die Tür auf und verschwand im Haus. Sie blieb kurz bei der Tür stehen. Sie hängte ihre Tasche im Flur auf und ging die Treppe hoch.

„Liebling! Ich bin's. Ich habe Wein mitgebracht. Was hältst du von Tomatensalat mit Feta zum Abendessen?"

Sie konnte den Fernseher hören, oben im Wohnzimmer. Sie ging direkt in die Küche, um den Wein aufzumachen, und redete laut, damit er sie aus dem anderen Zimmer hören könnte.

„Ich habe einen Polizisten kennengelernt, er wollte mich unbedingt nach Hause begleiten. Ein netter Typ."

Sie lief nach drüben ins Wohnzimmer.

„Ach du meine Güte!", rief sie, als sie sah, was passiert war.

Mitten im Zimmer lag ein Mann auf dem Boden. Er war an einen Stuhl gefesselt und der Stuhl war umgefallen. Der Mann hatte getrocknetes Blut an der Stirn und in seinen Augen lag Panik.

„Na, was ist passiert?", fragte sie, während sie zu ihm hinüberlief. „Hast du dir wehgetan?"

Er war fest geknebelt und konnte nicht sprechen.

Sie hob die Hand zu seinem Gesicht und streichelte ihn sanft.

„Hast du schon wieder einen Unfall gehabt? Du Armer … aber mach dir keine Sorgen, ich denke, dass es an der Zeit ist, dass wir uns trennen. Ich habe unsere Zeit zusammen wirklich sehr genossen und ich denke, dass du etwas dazugelernt hast. Ich glaube, es ist dir jetzt klar, dass du nicht mit jeder Frau, die dir gefällt, Sex haben kannst. Das ist falsch. Männer wie du sind eine Plage[1]. Aber jetzt weißt du das, oder?"

Der Mann nickte kräftig mit dem Kopf.

„Eines Tages werden die Leute verstehen, wie wichtig mein Engagement ist. Sie werden mir danken. Vielleicht wird man einen Preis nach mir benennen. Oder einen Platz."

---

1 **die Plage –** *unangenehme Belastung*

Sie stellte sich hin und drehte den Fernseher lauter.

„Ich habe einen neuen Freund gefunden, der eine Weile bei mir wohnen kann. Den Polizisten. Er tut so, als wäre er ein netter Mann, aber ich kann es in seinen Augen sehen. Er will genau dasselbe wie die anderen auch. Ich konnte seine Gier nach mir genau sehen, er ist nur etwas raffinierter und kann es kaschieren[1]. Aber mich täuscht er nicht."

Sie schaute kurz zu dem Mann und ging dann in die Küche. Sie schenkte sich großzügig ein. Sie nahm einen Schluck, stellte das Glas wieder ab und kehrte zu dem Mann zurück.

„Also du willst jetzt gehen, verstehe ich das richtig?"

Der Mann versuchte zu schreien, konnte aber nicht. Er versuchte, seine Arme zu befreien, konnte aber nicht.

„Schön, das trifft sich ja gut, denn spätestens in ein paar Tagen brauche ich dein Zimmer. Du kannst zu den anderen beiden gehen und ihnen Gesellschaft leisten."

Sie hob das Küchenmesser, das sie in der Hand hielt. Der Mann versuchte verzweifelt wegzurücken. Aber er konnte nicht.

---

1   **kaschieren –** *einen Fehler oder etwas Negatives verbergen, verdecken*

Düsseldorf von oben

Trinkhallen haben nicht nur in Düsseldorf, sondern im gesamten Rhein-Main-Gebiet eine lange Tradition. Die ersten Trinkhallen entstanden vor rund 150 Jahren in der Zeit der Industrialisierung: Viele der damaligen Industriearbeiter waren alkoholsüchtig, um die schwere Arbeit zu ertragen. Die Bürger begannen zu protestieren und forderten ihre Städte auf, etwas dagegen zu unternehmen. So ließen die Städte vor den Toren der Fabriken kleine Buden bauen, in denen anfangs nur Mineralwasser ausgeschenkt wurde. Später kamen Trinkhallen an belebten Straßenecken, Straßenbahn- oder Bushaltestellen hinzu. Das Sortiment wurde schnell größer: Schon im 19. Jahrhundert wurden auch Zeitungen, Tabakwaren, Süßigkeiten und Getränke aller Art verkauft, heute sind es auch Lebensmittel, Fahrkarten oder kleine Snacks.
Damals wie heute sind die Trinkhallen ein Ort der Begegnung: Man trifft sich, kauft ein paar Kleinigkeiten und plaudert miteinander.

WORTLISTE

Verwendete Abkürzungen

Akk. = Akkusativ	Pl. = Plural
Dat. = Dativ	ugs. = umgangssprachlich
Inf. = Infinitiv	vulg. = vulgär

	abheben	*Geld vom Bankkonto nehmen*
	abmachen (mit + Dat.)	*vereinbaren, einen Deal machen*
die	**Absicht, -en**	*Vorhaben, Plan*
	absitzen (ugs.)	*eine Freiheitsstrafe im Gefängnis verbringen*
	abzüglich	*minus eines Geldbetrags für eine bestimmte Sache*
	aller Voraussicht nach	*sehr wahrscheinlich; so, wie man es sich vorher gedacht hatte*
ein	**alter Hase sein**	*sehr erfahren sein*
	anfahren (ugs.)	*anschreien*
	angeblich	*so, wie behauptet wird*
	angeekelt sein	*eine starke Abneigung fühlen*
	angehen (es geht mich etwas an)	*betreffen; zuständig sein*
die	**Angelegenheit, -en**	*Sache*
sich	**anlegen (mit + Dat.)**	*einen Streit provozieren*
	anlehnen	*nicht ganz zumachen (z.B. eine Tür oder ein Fenster)*
der	**Anreiz, -e**	*etwas Interessantes, das eine Person motiviert*
das	**Ansehen (kein Plural)**	*die gute Meinung, die andere Leute von einer Person haben*
	auf der Stelle	*sofort*
	auf sich (selbst) gestellt sein	*es ohne Hilfe schaffen müssen*
	auf Zehenspitzen	*leise und vorsichtig, um nicht gehört zu werden*
	aufgeweckt	*klug, intelligent*
sich	**auflösen**	*zergehen, verschwinden*

	aufs Spiel setzen	*riskieren, in Gefahr bringen*
die	**Augenbraue(n) hochziehen**	*Geste, mit der man zeigt, dass man skeptisch ist*
	ausbrechen (aus + Dat.)	*sich (oft mit Gewalt) aus einem unangenehmen Ort (z.B. Gefängnis) befreien*
sich	**auseinandersetzen (mit + Dat.)**	*sich intensiv mit etwas beschäftigen*
	aushecken	*ausdenken und planen*
	auskosten	*genießen*
sich	**austauschen (über + Akk.)**	*sich unterhalten*
	ausweichen (+ Dat.)	*sich zur Seite bewegen, damit man nicht von einem Gegenstand getroffen wird*
	barsch	*sehr unfreundlich*
	bedrohen	*Angst machen*
	bedrückt	*traurig und besorgt*
der	**Beichtstuhl, -stühle**	*Art Kabine, in der man einem Priester von seinen schlechten Taten erzählt*
	beim besten Willen	*auch mit der größten Mühe*
	belebt	*von vielen Menschen besucht*
sich	**bemerkbar machen**	*auf sich aufmerksam machen*
	bemerkenswert	*auffällig und wert, beachtet zu werden*
sich	**benehmen**	*sich höflich verhalten*
die	**Berghütte, -n**	*Lokal, in dem Bergwanderer und Schifahrer einfache Gerichte essen können*
	beschlagnahmen	*in amtlichem Auftrag wegnehmen*
die	**Besinnung (kein Plural)**	*ruhiges Nachdenken*
einen	**Besuch abstatten**	*besuchen*
	betrügen	*bewusst täuschen*
die	**Beule, -n**	*Schwellung, die durch einen Schlag entstanden ist*
seine	**Beziehungen spielen lassen**	*Kontakte zu wichtigen Personen für den eigenen Vorteil nutzen*
das	**Biest, -er**	*unangenehmes Tier, über das man sich ärgert*
die	**Blinddarmentzündung, -en**	*Entzündung des letzten Traktes des Darms, Appendizitis*
	blitzartig	*sehr schnell*
das	**Blut in den Adern gefrieren (mir gefriert das Blut in den Adern)**	*sich vor Angst nicht mehr bewegen können, sehr große Angst haben*
	borgen	*leihen*
	brachliegen	*ungenutzt bleiben*

	cholerisch	*schnell wütend und laut*
die	**Clique, -n**	*Gruppe von Freunden, die ihre Freizeit zusammen verbringt*
	Dämliche Kuh!	*Schimpfwort für eine Frau, über die man sich geärgert hat*
	dämmern (es dämmert)	*es wird Abend, es wird dunkler*
	Darauf kannst du Gift nehmen! (ugs.)	*das ist ganz bestimmt so, du kannst absolut sicher sein*
der	**Depp, -en (ugs.)**	*Dummkopf, Idiot*
	diffus	*zerstreut in verschiedene Richtungen leuchtend*
die	**Domspatzen (Pl.)**	*berühmter Knabenchor des Regensburger Doms*
	drohen	*einer Person mit Gesten zeigen, dass man sie bestrafen (z.B. schlagen) wird*
sich (Dat.)	**etwas durch den Kopf gehen lassen**	*längere Zeit über eine Idee nachdenken und sie prüfen*
der	**Eckzahn, -zähne**	*spitzer vorderer Zahn*
die	**Eifersucht (kein Plural)**	*ein negatives Gefühl, z. B. die Angst, den Partner zu verlieren*
	einbrechen (in + Akk.)	*gewaltsam in ein Haus oder eine Wohnung hineingehen*
sich	**einen Scheißdreck scheren (um + Akk.) (vulg.)**	*sich überhaupt nicht interessieren*
sich	**einsperren (in + Dat./Akk.)**	*sich einschließen*
	einstechen (auf + Akk.)	*mit einem Messer verletzen*
	einweihen (in + Akk.)	*über etwas informieren, das nicht jeder weiß oder wissen darf*
der	**Eiszapfen, -**	*Eisbildung, die typischerweise von Dächern herunterhängt*
die	**Endlosschleife, -n**	*eine Folge an Handlungen, die sich immer gleich wiederholt und nie aufhört*
	entmutigt	*ohne Mut, energielos*
	entscheidend sein	*einen großen Einfluss darauf haben, wie es weitergeht*
	entsetzt	*sehr erschrocken, schockiert*
	erben	*etwas von einer Person bekommen, die verstorben ist*
	erblicken	*plötzlich sehen*
das	**Erhabene**	*würdevolle, feierliche Gefühle oder Gedanken*
die	**Erkenntnis, -se**	*das, was bisher unklar war und man nun verstanden hat*

	erledigen (ugs.)	*töten*
	erledigt	*sehr müde, ohne Kraft*
	erstarren	*sich plötzlich nicht mehr bewegen*
	erwähnen	*kurz von etwas sprechen*
	erwischen (ugs.)	*bei etwas Verbotenem überraschen*
	fad	*langweilig, unattraktiv*
eine	**Feier schmeißen** (ugs.)	*eine Feier organisieren und veranstalten*
der	**Feigling, -e**	*Person, die keinen Mut hat*
das	**Fenster kippen**	*das Fenster nur an der oberen Kante öffnen*
	fesseln	*eine Person mit Seilen oder Ketten festbinden*
	fesseln (etwas fesselt jemanden)	*etwas ist so interessant, dass man sich ganz darauf konzentriert*
der	**Filmriss, -e** (ugs.)	*Gedächtnislücke*
der	**Flachmann, -männer**	*kleine, flache Schnapsflasche, die man in die Tasche stecken kann*
	foltern	*einer Person körperliche Schmerzen zufügen, um sie zu etwas zu zwingen*
	für die Ewigkeit	*für immer*
	fürchten	*leider glauben; etwas Unangenehmes erwarten*
sich	**fürchten (vor + Dat.)**	*Angst haben*
	fürsorglich	*liebevoll darum bemüht, dass es einer anderen Person gut geht*
die	**Garantie, -n**	*Versicherung, dass man etwas tun wird*
das	**Gebüsch, -e**	*niedrige Pflanzen mit vielen Ästen, die dicht nebeneinander stehen*
der/die	**Gefallene, -n**	*Soldat/Soldatin, der/die im Krieg gestorben ist*
der/die	**Gefangene, -n**	*Person, die im Gefängnis ist, weil sie ein Verbrechen begangen hat*
	gefasst	*ruhig*
die	**Gegenfahrbahn, -en**	*Fahrbahn für den Verkehr, der entgegenkommt*
	gehypt	*übertrieben positiv dargestellt*
	gekonnt	*geschickt, mit viel Erfahrung*
	gelähmt	*unfähig, sich zu bewegen*
die	**Genugtuung, -en**	*Zufriedenheit mit einer erwünschten Entwicklung*
	geschmolzen	*nicht mehr fest, sondern flüssig geworden*
	gespannt (auf + Akk.)	*voller Erwartung und Vorfreude*

die	**Gestalt, -en**	*Person, die man nur undeutlich sehen kann*
	gestellt	*nicht echt, nicht spontan*
	gestört (ugs.)	*nicht normal*
der	**Getreidespeicher, -**	*Gebäude, in dem man Getreide lagert*
das	**Gewehr, -e**	*lange Schusswaffe*
	gewöhnlich	*normal*
die	**Gier (nach + Dat.) (kein Plural)**	*großes und unkontrolliertes Verlangen*
die	**Gnade, -en**	*Vergebung*
das	**Grauen, -**	*großer Schrecken*
	grell	*unangenehm hell; blendend*
der	**Güterumschlag, -umschläge**	*das Umladen von Waren auf ein anderes Fahrzeug*
	hämisch	*voller Freude darüber, dass einer Person etwas Schlimmes passiert; schadenfroh*
die	**Handschelle, -n**	*Fessel aus Metall für die Handgelenke*
das	**Handschuhfach, -fächer**	*kleines Fach im Auto, direkt vor dem Beifahrersitz*
	harmlos	*ungefährlich*
	hastig	*sehr eilig und aufgeregt*
ein	**Hauch**	*eine geringe, kaum spürbare Menge; ein wenig*
	hell (ugs.)	*klug, intelligent*
sich	**hermachen (über + Akk.)**	*heftig angreifen*
	hin oder her (nachgestellt) (ugs.)	*Ausdruck, um zu sagen, dass man trotz einer bestimmten Situation etwas tun will oder muss*
	hineinkriechen	*sich auf Händen und Füßen in einen Raum begeben*
sich	**hineinsteigern (in + Akk.)**	*ein Gefühl immer stärker werden lassen*
	hinkriegen (ugs.)	*erfolgreich schaffen*
	hoch und heilig versprechen	*ganz fest versprechen*
die	**Hölle heißmachen (+ Dat.) (ugs.)**	*eine Person stark unter Druck setzen; Angst machen*
der	**Hubschrauber, -**	*Helikopter*
	im grünen Bereich	*in Ordnung*
	im Stich lassen	*einer Person in einer schwierigen Situation nicht helfen*
	in aller Welt	*Ausdruck, um ein Fragewort zu verstärken*
	in Erfahrung bringen	*anhand von Recherchen herausfinden*
	in Schutz nehmen (gegen + Akk.)	*verteidigen, helfen*
	in- und auswendig kennen	*sehr gut kennen*
	innehalten	*das, was man tut, kurz unterbrechen*

die	**Insolvenz, -en**	*Unfähigkeit, Rechnungen zu bezahlen*
	inszenieren	*schauspielerisch darstellen, vortäuschen, vorspielen*
	irritiert	*verwirrt*
der	**Irrtum, Irrtümer**	*Fehler, Verwechslung*
die	**Justizvollzugsanstalt, -en**	*Gefängnis*
	kaschieren	*einen Fehler oder etwas Negatives verbergen, verdecken*
	kaum zu übertreffen sein	*in der Leistung oder Qualität kaum besser sein können als eine andere Person oder Sache*
	keine Anstalten machen (zu + Inf.)	*nicht den Eindruck machen, etwas tun zu wollen*
	Keine Widerrede!	*Ausdruck, der verwendet wird, wenn man keine andere Meinung akzeptieren will*
	keinen Plan haben (ugs.)	*keine Ahnung haben*
	klatschnass	*komplett nass*
ein	**kleines Vermögen (ugs.)**	*viel Geld*
	knebeln	*einer Person etwas in den Mund stecken, so dass sie nicht reden kann*
	kneifen	*die Haut schmerzhaft zwischen zwei Fingern zusammendrücken*
	knutschen (ugs.)	*sich intensiv küssen*
die	**Kohle (ugs.) (kein Plural)**	*Geld*
	komisch (ugs.)	*seltsam, merkwürdig*
der	**Kragen, -**	*Teil der Kleidung, der um den Hals herumgeht*
die	**Krallen ausfahren**	*die scharfen und spitzen Nägel zeigen*
	krass (Jugendsprache)	*extrem gut; extrem schlecht*
der	**Kreislauf, -läufe**	*Blutzirkulation*
das	**Kreuz, -e**	*Teil des Rückens*
der	**Krümel, -**	*ein sehr kleines Stück (z.B. von Brot, Kuchen oder Tabak)*
einen	**kühlen Kopf bewahren**	*ruhig bleiben und klar denken*
	kühn	*so, dass man keine Angst vor Gefahr hat; mutig*
die	**Lagerhaltung, -en**	*Aufbewahrung von Waren in einem Raum oder einer Halle*
	lässig	*locker, entspannt*
der	**Lastkahn, -kähne**	*Schiff, mit dem auf Flüssen Waren transportiert werden*
der	**Leichtsinn (kein Plural)**	*unüberlegtes Verhalten, fehlende Vorsicht*

die	**Leuchtrakete, -n**	*Rakete, die in die Luft geschossen wird und dabei lange und hell leuchtet*
	liegen (mir liegt etwas / nichts an + Dat.)	*eine Person oder Sache ist für jemanden wichtig / unwichtig*
	locken	*versuchen, eine Person mit etwas Interessantem zu einem bestimmten Ort zu bringen*
der	**Looser (ugs.), -**	*Verlierertyp, Versager*
	Mach dir nichts daraus! (ugs.)	*Ärgere dich nicht!*
	markant	*auffällig*
	Meine Fresse! (vulg.)	*Ausdruck der Überraschung*
	merkwürdig	*seltsam, ungewohnt*
der	**Mistkerl (ugs.), -e**	*Schimpfwort für einen Mann, auf den man wütend ist*
	mit voller Wucht	*wie ein kräftiger Schlag*
das	**Motiv, -e**	*Beweggrund für eine Straftat*
die	**Möwe, -n**	*Seevogel*
	mustern	*genau ansehen*
	nachhallen	*immer leiser weiterklingen*
sich (Dat.)	**nachschenken**	*sein Glas wieder auffüllen*
	nachsichtig	*geduldig und verständnisvoll*
	nachvollziehen	*sich denken oder vorstellen, wie etwas gewesen ist*
	näher rücken	*räumlich näher zu einer Person kommen*
	naiv	*voller Vertrauen und ohne Gedanken an etwas Böses*
sich	**nicht scheren (um + Akk.) (ugs.)**	*sich überhaupt nicht interessieren*
die	**Not, Nöte**	*schwierige Lage, in der man Hilfe braucht*
die	**Obduktion, -en**	*Untersuchung an einer Leiche*
das	**Opfer, -**	*Person, die verletzt oder getötet wird*
die	**Pampa (ugs.), -s**	*ländliche, schwer erreichbare Gegend*
die	**Plage, -n**	*unangenehme Belastung*
der	**Plattenbau, -bauten**	*hohes Wohnhaus, das mit vorgefertigten Bauteilen aus Beton gebaut wird*
	plaudern	*sich entspannt unterhalten, ohne etwas Ernstes zu sagen*
der	**pochende Schmerz**	*Schmerz, der mit dem Puls stärker wird*
	prallen (auf + Akk.)	*heftig gegen etwas stoßen*
der	**Punsch, -e / Pünsche**	*alkoholisches Getränk aus Rum, Tee oder Rotwein mit Gewürzen*

quietschen	*einen langen hohen Ton von sich geben*
quitt sein	*sich gegenseitig nichts mehr schulden*
sich **rächen (an + Dat.)**	*einer Person, die einem geschadet hat, ebenfalls Schaden zufügen*
rappelvoll (ugs.)	*sehr voll*
Raus mit der Sprache! (ugs.)	*Rede! Sag, was los ist!*
die **rechte Hand**	*der engste und wichtigste Mitarbeiter eines Chefs*
sich **rechtfertigen**	*das eigene Verhalten begründen und erklären*
reizlos	*unattraktiv, langweilig*
die **Reserve, -n**	*Geld, das man für einen Notfall zurückgelegt hat*
riskant	*gefährlich*
die **Ritze, -n**	*kleine Öffnung zwischen Holzbrettern*
die **Säule, -n**	*großer Pfosten aus Stein, der das Dach eines Gebäudes stützt*
sich **schämen**	*ein unangenehmes Gefühl haben, weil man z. B. etwas Dummes oder Lächerliches gemacht hat*
ein **Schauer über den Rücken laufen (mir läuft ein Schauer über den Rücken)**	*ein plötzliches unangenehmes Gefühl haben*
der **Scheinwerfer, -**	*vorderes Licht eines Fahrzeugs*
scheppern (ugs.)	*ein Geräusch machen, das entsteht, wenn Dinge aus Metall gegeneinander schlagen*
schiefgehen (ugs.)	*nicht das Ergebnis haben, das man wünscht; misslingen*
schleifen	*mit Mühe auf dem Boden irgendwohin ziehen*
der **Schlitz, -e**	*schmale, längliche Öffnung*
schmunzeln	*mit geschlossenen Lippen lächeln, weil man etwas amüsant findet*
schnappen (ugs.)	*schnell nehmen und behalten*
die **Schnur, Schnüre**	*Kabel*
der **Schoß, Schöße**	*die Fläche, die Oberschenkel und Unterleib beim Sitzen bilden*
der **Schraubendreher, -**	*Werkzeug, mit dem man Schrauben festzieht*
schummeln	*bei Spielen mit Tricks versuchen, einen Vorteil zu bekommen*

die	**Schürze, -n**	*Kleidungsstück, das man bei der Arbeit trägt, damit die Kleidung nicht schmutzig wird*
	schweifen	*ziellos umherwandern*
die	**Schweigepflicht, -en (meist Singular)**	*Verbot bestimmter Berufsgruppen (Priester, Ärzte usw.), Informationen weiterzugeben*
der	**Schweißausbruch, -ausbrüche**	*plötzliche Reaktion des Körpers, die einen sehr stark schwitzen lässt*
	schwerwiegend	*mit ernsthaften Folgen*
	schwindelig werden (mir wird schwindelig)	*das Gefühl bekommen, dass sich alles im Kreis dreht*
das	**Skelett, -e**	*alle Knochen des Körpers eines Menschen oder Tiers*
	sorgfältig	*ordentlich*
der	**Speckknödel, -**	*Spezialität aus dem Alpenraum, Klöße mit Speckwürfeln und einer Soße*
	Spielchen spielen (mit + Dat.)	*sich nicht ehrlich und ernst verhalten*
jegliche	**Spur**	*jedes erkennbare Zeichen*
der	**Stacheldraht, -drähte**	*Metalldraht mit kleinen Spitzen, der als Zaun benutzt wird*
	stämmig	*kräftig*
	stehen (auf + Akk.) (ugs.)	*eine Person oder Sache gut finden, besonders mögen*
	stockdunkel	*komplett dunkel*
das	**Streichholz, -hölzer**	*kleines Stäbchen aus Holz, mit dem man etwas anzündet*
die	**Stricknadel, -n**	*lange Nadel zum Stricken von Wollpullovern, Schals usw.*
ein	**Tick (ugs.)**	*ein wenig, eine Kleinigkeit*
die	**Trinkhalle, -n**	*Kiosk*
der	**Trottel, -**	*dummer, ungeschickter Mensch*
die	**Trümmer (Pl.)**	*Reste oder Bruchstücke von etwas, was zerstört wurde*
	überdurchschnittlich	*mehr als normal*
	überwältigt (von + Dat.)	*emotional so stark bewegt, dass man nichts dagegen tun kann*
der	**Umriss, -e**	*Kontur, äußerer Rand einer Form*
	unauffällig	*ohne bemerkt zu werden*
	unbeeindruckt	*unbewegt, ohne erkennbare Gefühle*
	unermüdlich	*mit großer Geduld; fleißig*
	ungläubig	*skeptisch, ohne jdm. zu glauben*

	unheimlich	*so, dass etwas einem Angst macht*
	unmittelbar bevorstehen	*gleich passieren*
der/die	**Unruhestifter/-in**	*Person, die Ärger verursacht*
der	**Unterschlupf/ Unterschlüpfe**	*Ort, an dem man sicher ist; Versteck*
	untertauchen	*sich vor Feinden oder der Polizei verstecken*
	unvergleichlich	*so ungewöhnlich, dass man es mit nichts vergleichen kann*
	unverzichtbar	*etwas, worauf man nicht verzichten kann; notwendig*
die	**Uraufführung, -en**	*das erste Mal, dass ein Theaterstück oder ein anderes künstlerisches Werk vor Publikum gezeigt wird*
	urteilen (über + Akk.)	*eine Person und ihre Handlungen prüfen und dann bewerten*
der	**Urteilsspruch, -sprüche**	*Entscheidung eines Richters am Ende eines Prozesses*
	verblüffen	*überraschen mit etwas, das man nicht erwartet hat*
der/die	**Verdächtige, -n**	*Person, von der man glaubt, dass sie ein Verbrechen begangen hat*
	verfügen (über + Akk.)	*für die eigenen Zwecke verwenden können*
die	**Vergebung, -en**	*Verzeihung*
sich (Dat.)	**vergegenwärtigen**	*sich deutlich vorstellen*
	verkatert sein	*an den körperlichen Folgen des Alkoholkonsums (Kopfschmerzen, Übelkeit usw.) leiden*
sich	**verlassen (auf + Akk.)**	*sicher sein*
das	**Vermögen, -**	*gesamter materieller Besitz*
	verschleiern	*verbergen*
	versifft (ugs.)	*sehr schmutzig*
	versperrt	*verschlossen, blockiert*
	verwundert	*erstaunt, überrascht*
das	**Volumen, - / Volumina**	*Gesamtmenge von Waren innerhalb eines bestimmten Zeitraums*
sich	**vom Acker machen (ugs.)**	*weggehen, verschwinden*
	vor seinem geistigen Auge sehen	*in Gedanken sehen, sich vorstellen*
	vorbeischlendern (an + Dat.)	*langsam zu einem Ort spazieren gehen, dort nicht stehenbleiben, sondern weitergehen*
der/die	**Vorfahre/Vorfahrin**	*Person, von der man abstammt und die vor langer Zeit gelebt hat*

der	**Wachmann, -männer**	*Mann, der einen Ort schützt und bewacht*
	wackeln	*sich hin und her bewegen*
der	**Warnblinker, -**	*gelbe Lichter an einem Fahrzeug, die rechts und links gleichzeitig blinken*
eine	**Wendung nehmen**	*sich in eine andere Richtung entwickeln*
	wetten	*sich ganz sicher sein*
	widerlich	*extrem unangenehm, ekelhaft*
der	**Widerstand, -stände**	*Protesthandlung, Kampf gegen die Regierung oder die Autorität*
	widerwärtig	*extrem unangenehm, ekelhaft*
	widerwillig	*ungern; gegen den eigenen Willen*
	wie geschmiert laufen	*ohne Probleme funktionieren*
	wie im Flug vergehen	*schnell vorbeigehen*
	wie seine Westentasche kennen	*sehr gut kennen*
der/die	**Wildfremde, -n**	*Person, die man gar nicht kennt*
	Wo Rauch ist, ist auch Feuer (Sprichwort)	*alles hat eine Ursache*
	wollüstig	*mit einem starken Gefühl sexueller Lust*
	wund	*leicht verletzt*
	zäh	*sehr langsam*
der	**Zeitvertreib, -e**	*Tätigkeit, damit man sich nicht langweilt*
die	**Zerbrechlichkeit, -en**	*Schwäche, Zartheit*
	zerquetschen	*zerdrücken*
	zerschmettern	*mit Kraft zerstören*
	zielstrebig	*mit dem festen Willen, ein Ziel zu erreichen*
	zittern	*schnelle, unkontrollierte Bewegungen machen (z.B. aus Angst oder Nervosität)*
	zu schätzen wissen	*den Wert von etwas erkennen*
	zu seinem Wort stehen	*das tun, was man gesagt hat*
	zu sich kommen	*wieder bei Bewusstsein sein*
	zuknallen	*mit viel Kraft zumachen*
sich	**zum Guten wenden**	*eine positive Entwicklung nehmen*
	zum Vorschein kommen	*sichtbar werden*
	zur Rede stellen	*eine Person auffordern, Gründe für ihr Handeln zu nennen*
sich	**zurücklehnen**	*den Oberkörper beim Sitzen nach hinten bewegen*
	zusammenbrüllen	*laut ausschimpfen*
	zusammenhängen	*miteinander verbunden sein*

zusammenschrecken	*vor Angst eine kurze und schnelle Bewegung machen*
zustoßen (mir stößt etwas zu)	*passieren*
zutiefst	*sehr*
der/die **Zwangsarbeiter/-in**	*Person, die unfreiwillig unter schlechten Bedingungen schwere körperliche Arbeit leisten muss*

BILDQUELLEN